はじめに
～ナイショのごあいさつ～

JN110738

こんにちは中性マンガ家の新井祥(あらいしょう)です

ゲイでBL(ボーイズラブ)マンガ家のうさきこうです

突然ですが俺たち今年結婚しました

ぱんぱかぱーん

え？なぜ？

と思うかたもいるかもしれませんが

自分は中性ですが戸籍は「女」で――

恋愛対象は男も女も…のバイセクシュアル

見かけはゲイカップルですけど…

〝法律上〟の結婚ができるのです

この日本でも

婚姻届

ぼくは恋愛対象は「男」一択ですけどね！

エ？じゃあなんで中性の人と…？

gay

その答えは巻末のインタビューページにあります

けっこうセキララなこといってますね

こうしてよむと…

文章ページですがぜひ一読を…

で結局
どういう本
なの？
のろけて
やがんの？
コンチクショー
読
者
さま
おっそうそう
忘れてた！
この本には――
読者のかたから
よせられた
性にまつわる
悩み相談
と
ぼくたちの
プロポーズ
エピソード
が
収録され
ております

セクマイの恋の悩みエッチの悩み
夫婦のイトナミの悩み…
どれもちょっと
リアル（実生活）の友達には相談しにくい…
ぬうーー…
そんな〝ナイショ話〟的な悩みを
Secret
「恋愛編」と「エッチ編」にわけてお答えしております♥
あなたと同じ悩みの人はいるかな〜〜〜!?
先生…
最後に「ナイショ話」ってワード入れて
無理くりまとめましたね…？
まーね
それでははじまりはじまり〜

「性別が、ない!」人の
真夜中のナイショ話

新井 祥

The Secret Story
at Midnight
by "seibetsu ga
nai!"hito
by Shou Arai

ぶんか社

Contents

The Secret Story at Midnight
by "seibetsu ga nai!"hito

恋
愛
編
The Secret Story
at Midnight
by "seibetsu ga nai!" hito

1.
老いと
年の差恋愛

最近 街なかで
黒やダークグレーの
マスクをよく見かける
ようになった

あっ先生…!?
生徒かと
思った…
びっくり〜
マスクしてると
若く見える!

PITTA
マスク

…それはオジサンぽさが
クチもとに集中してる
ということ…か…?
ほうれい線
無精髭（ぶしょうひげ）
銀歯
?

老いと恋①

今回の悩み相談は
老い
がテーマ

重い…？
いやどっちかってーと…

年の差問題…
かな？

恋人が12歳下で親子に間違われます…
シク
シク
こういう系の…
ナルホド

老いと恋②

親子だと思われるのは
しくしく…
イヤなんです…
〈Qさん・39歳〉

12歳差…
親子というには
そこまで離れてないのでは…

彼が…
童顔すぎるんです…!!

合法ショタでいいんじゃないかなあ…♡
先生…？
私ショタコンじゃないです

年のひらき①

出会った時は
7Years ago
そこまで年の差感じなかったんです

俺ハタチ
エーッ大学生!?
落ちついてるから社会人かと…

ヤバいよ～私32だよ～
年とか関係ないよ

ゲーム上だとどっちもチビだし
さてはオンラインゲームのオフ会ですね!?
アハ…
2コマ目は

年のひらき②

私はなるべく若いままでいよう
彼がオジサンになる頃まで…

TiME STOP
と願っていたのに
スーツを着ても
まるで卒業式…

なんで私だけ急速に老けこんでるの
これじゃ12歳差どころか20歳差…!!

どうしたらいいんでしょうか…
はぁ～
彼はよーするにずっと24歳くらいなワケか…
ぼくは永遠の18歳ですよ

ライフステージ①

友達に相談しても…
もともと若すぎるのよ彼氏

年収とかどうなの
えっと…私の半分くらい…？
ほんとはもっと少ない
ヤバいって

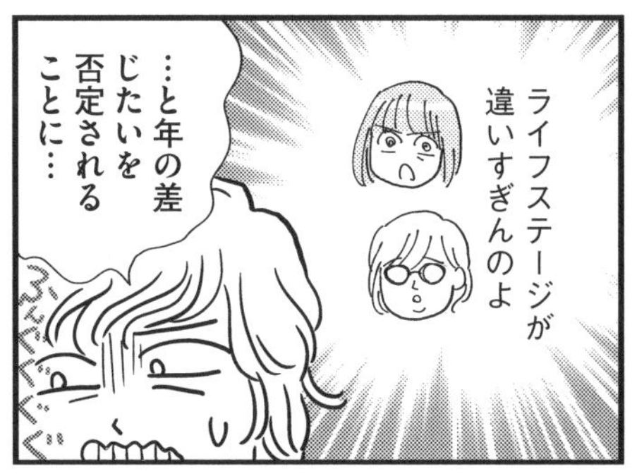
ライフステージが違いすぎんのよ
…と年の差じたいを否定されることに…
ふぐぐぐぐ

でイヤなの？彼が低収入ってのは
いや全然気にならないっス!!
じゃーいいじゃん

ライフステージ②

ただ…
ライフステージが違うのは感じてます

彼は今年28歳…
結婚や子育ての適齢期に入る感じするんですよね
アラサー

きっと親も
そろそろかわいいお嫁さん連れてくるかも…♡
と思ってることでしょう

そこへ四十路女がヒョッコリ現れても…
出産もうキツいかもしれないっス♡
困るだろうなって思うと…
ハア〜

あきらめ時①

子供はほしい？
ふるふる

生理ももう飛び飛びだし…
更年期入りかけ…
1月 ○
2月 ×
3月 ○
4月 △?少し
5月 ○
6月 ×
7月 ○
仕事も産休とりにくくって
おしごとは大学准教授

産むのはあきらめてます
ハハ…
彼はなんて？

小さなゲームアプリの会社で働いてるカレシ
(スーパーインドア派)
彼も忙しくて育児できないからべつにいいよって…
彼が若いのは紫外線にあたらないでいるせいだったりして…⁉

あきらめ時②

あとちょっとの辛抱だ!!

彼が30代半ば（なか）になったら親もオロつき出すから
結婚しなかったらどうしよう
オロオロ
もしや女性に興味がないのでは…

比較的OKされやすくなると思う
結婚を考えてるんだ…
よかったあああああ

「ちゃんとした女性と結婚する」ってだけで安心する世の中ってのは…
われわれセクマイから見ればちょっとアレだけど…ね
ハナシがぶれちゃう
今回その件はスルーで

不足気味…？①

でもさらにババア化しちゃいませんか…？私
ガタブル
そのことなんだけど

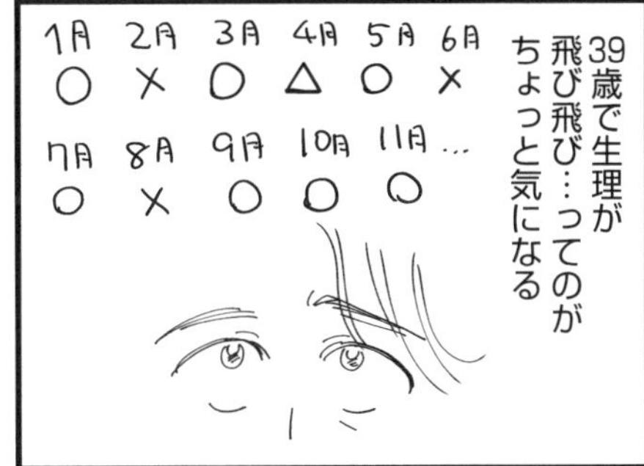
39歳で生理が飛び飛び…ってのがちょっと気になる
1月 ○ 2月 × 3月 ○ 4月 △ 5月 ○ 6月 ×
7月 ○ 8月 × 9月 ○ 10月 ○ 11月 ○…

急に老けこんだっていってたし…って
え⁉ 私病気だとか…⁉
ドキドキ

女性ホルモン不足かな…って
エッチしてる？
夏に1回したきり…
少ないです…かね…

不足気味…？②

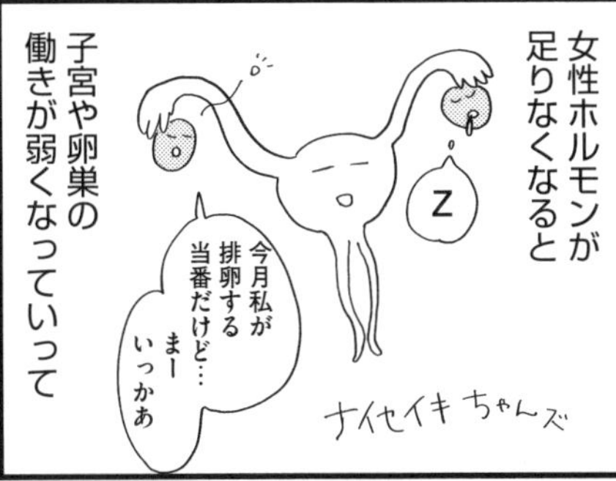
女性ホルモンが足りなくなると
子宮や卵巣の働きが弱くなっていって
今月私が排卵する当番だけど…まーいっかぁ
Z
ナイセイキちゃんズ

老けやすくなります

顔だけじゃなくて…
白髪(しらが)や薄毛になったり…
関節痛や動悸(どうき)がしたり…
わけめ割れ
あーまた…

そこを調整したら彼との年の差も少し縮まるかも…
めっちゃ増やしたい
ホルモンッ!!

女ホル①

うすうすカンづいてはいたんです…
更年期の到来は…!!
ピシャアアッ
少しでもとめたい…
…たとえば男性の体から女性の体へと
フラ…

チェンジさせる人ってホルモン注射をして
女っぽくするって聞いたけど

それやったらいいですかね!?
ちゅーしゃ!!
いやそこまでせんでも…
女ホル!!

女ホル②

女性ホルモンの注射はリスクがあるので
美容やアンチエイジングのためだけなら…

プラセンタとかでいいんじゃないかなあ
化粧水とかでよく聞くやつですか

サプリや化粧水に含まれる成分よりも——
注射のほうがキクよ!!
美容外科や婦人科で打ってもらえる
プラセンタ濃縮
プラセンタ配合

やっぱりちゅーしゃなんですね!?
ちゅーしゃ!!
……もしかして注射怖いの…?

もうひとつの問題

セックスも
たくさんしたほうがいいんですか？

もちろんしたほうがホルモンは増える…
わっしょい!!
わっしょい!!
※イメージ画像です

でもセックスレス気味なんだよね？
はい…

原因はわかってるんです
彼のテクが低くてヤリたくない…

エッ
テク…!?
とにかく彼は…

①痛い
ザシュ
早い早い！指入れ早い！
まだ乾いてる

②疲れやすい
ちょっとタイム
ハァ
ハァ…
大丈夫?!

③受け身主義
フェラでぬいて…
の三重苦で！
受け身は美徳な気もするが…？
先生にはね

エッチの経験値 ①

聞いた感じだと
彼はエッチの経験値が低いようだから――

そこをそっとゆっくり…
そう そう
自分好みに〝指導〟してあげて――

上手にできたらしてほしいことをかなえてあげる と
はい ごほうび
あっ…♡

私もそんなに経験ないんですが…
できるかな…
できると信じてやればできる!!

エッチの経験値 ②

これだけはいっておきたい

エッチは挿れられる側が
ピピー
はーい クリはこっちでーす
?
誘導したほうが上手くイク!!

経験値が低いのだって…
遊んでない証拠と考えれば美徳!!

ポジティブシンキング…!!
ヤリチンを直すより…
下手を上手に直すほうが何倍も楽なのである!!

2.
"女子仲間"に
違和感あり
亥
2019
2018年の抱負は
「自分を見つめ直す」でした
大変だけどいい経験になった…
しみじみ…
じゃあ2019年の抱負は？
ドキュメンタリー映画の公開も始まりましたしね
コレステロールを減らす
えっそんなんでいいの!?

女子仲間？①

ゲイだってことを
カムアウトすると…
〈Wくん・23歳〉

ことあるごとに
女子力
高いよね〜！
とか

私たち女子
仲間だから〜
きゃっ
きゃっ
とか

いってくる
人がいて
違和感…‼
………
しなッ…

女子仲間？②

ああ…ついつい
※ホゲみが出ちゃうん
ですよね ぼく

でも女に
なりたいわけじゃ
ないんです
そう
そう‼

女っぽいところが
あるのと
女になりたいのは
べつ‼
ウンウン
ウン

※「ホゲる」とは
「ついつい女ぽい
口調や仕草が
出てしまう」ことを
指すゲイ用語
（2018年現在）
べつの意味を
持つ方言も
あるので注意！
「ほげる」＝「穴があく」とか…

女子になりたいか①

かわいーっ
キャー
中には女子っぽく扱われたいゲイや

今はゲイの輪に交じってるけど
♂→♀
実は女子になりたい人もいるから一概にはいえない

私たち女子同士だし～

きゃっ
きゃっ
ねーっ
中には喜ばれる場合も…

女子になりたいか②

ぼくは自分を女子だとは思ってません
ぼくも!!

ただ女性のタレントや歌手に憧れることが多いので――

なんか出ちゃうというか…
ニョキッ
ヒョオオオ
憑依(ひょうい)する感じあるよね～

ちなみにぼくのマイブームは森高千里(もりたかちさと)を憑依させること
お風呂で
?!

受けの内情①

♪ ♪ ♪
プラ
プラ

今度のぞきにいこう…
悪いこと企んでる顔してる

ぼくはドラマを見たあと女優さんの話し方や仕草がうつりますね
憑

時に芝居がかった感じになることも…
あーちょっとわかるかも…!
カタ…

受けの内情②

恋人（カレシ）は男っぽく
リードしたがるタイプなので

まわりの人にはなおさら〝女子側〟だと思われやすいんですが
Wくん〝嫁〟って感じだね～

挿入は
IN
受攻逆（ウケセメ）
ほうら奥まで入ってるよ…♡
ホラ…
あくまでリードは彼なんだな
どんな体勢でも
ズップリ

呼び方が、ない！①

だから…
女友達と
恋バナをする時

女子っぽいキャッキャを
するのは楽しいんですが
カレシどんなん〜？
キャッ
キャッ

女子
彼女
っていわれると…
NAKAMA

なんかシックリ
こなくてモヤッと…
でもどういう
立ち位置で
話せばいいのか
わかんない…!!

呼び方が、ない！②

呼び方が、
ない!!

作品タイトルと
あてこすって
きましたね…
ウム
性別がない！
全15巻
新井祥

てか
「普通」から
はずれると
すぐ呼び方
なくなるよね
日本

男女の夫婦ですら
夫が専業主夫で
〝受け〟側って
だけで…
エ〜
何その関係
「女王様」!?
?!
?!

役割わけ①

そもそも「男役（カレシ）」「女役（カノジョ）」ってわけ方じたい…
イコール ＝「カノジョ」
イコール ＝「カレシ」

本当は
いらない
のでは…？
イコール ＝「カノジョ」
イコール ＝「カレシ」

ノンケの人たちがわかりやすいように「男役」と「女役」の体（てい）で話すけど…
うちの彼氏が…

実際は
どっちでも
あるような
ないようなな
…だと思います
てかどっちも「彼氏」…？

役割わけ②

じゃあ…
女子同士だもんね～
っていってくる人には

どう対応したらいいんでしょうか
う～ん

ぼくはわりとキッパリ…
いや俺違うし！
※こう君のふだんの一人称は「俺」

えっあっそうかっ…ゴメ…
って困らせませんかね!? 相手…
気にしない…
どん

男だと思うと… ①

女の子たちもわかってると思うよ？
ゲイは女子とは違うってこと…

その上であえて「仲間発言」してるんだ
♀NAKAMA！

あえて…ってなんで!?
答えはモチロン

この男は〝男〟として気を使わなくてOK
ということを認識するため…!!
キュッ…

男だと思うと… ②

ひとたび〝男〟だと思うと
ご飯食べにいこーよ〜

性対象として見られてやしないかとか
俺に気があんのかな♡

「ダメな女」として見下されてないかとか
ブスにモテてもなぁ〜

気になることが諸々[モロモロ]出てきちゃうから
こいつは男だけどNAKAMA！
と思うことで安心して受け入れられるんだと思う

同類かどうか①

だから時に女性であろうと…
自分レズビアンの男役（タチ）なんだ
エッ…

性対象として観察されてる…？
モヤ…

女としての価値を採点されてる…？
モヤ
モヤ
モヤ
モヤ

どしたの？
ううんべつに～
みえないかべ
〝異性〟として線引きすることもあるくらい…

同類かどうか②

同類
なのかそうじゃないのかってことを
気にする人はわりと多い

でももし小さい頃から
LGBTをオープンにできていれば…

私A君が好き
俺も！
ぼくはBちゃんと結婚したい！

〝同類〟じゃあないけど…
仲よし
って関係の練習ができると思うんだけどなあ…

"彼女"扱い ①

新井先生も
女子仲間～♡
…みたいな扱いを

受けることありますか？
昔はあったよ

男っぽい相手とつきあってると
男女の役割わけされやすかったし…
ヒゲあるけどこっちが女
こっちが男

実際"奥さん(ミセス)"だったしね(笑)
…そうでした!!
イメージしにくい…

"彼女"扱い ②

でもこう君と一緒に行動するようになってからは…

"彼女っぽさ"は…
低めマン
高めマン

この環境でこっちのほうに
女同士つるも～
キャッキャ
といってくる人もいない…

ただ最近はヒゲそってるからもしかしたら…
女どうしに見えちゃったりして…?!
女だとしても"攻め"の側に見えると思いますよ
なんつーか気配が…

3.
"恋"が
できません!
今年に入ってから髪に白髪が交じるようになりました
染めようかな
シニア人口が多い国になったからか
昔より白髪染めが増えた気がする
ヘアカラー
うす茶や金・銀もあるのか…
おお──っ
白髪染め
Gold
こう君の好みは何色?
黒…
黒ください
ビシッ
はは い
ヘアカラー

恋ができない①

〝恋〟が
できません
〈Tくん・36歳〉

つきあってる
男(ひと)はいますが
えっ
どういうこと?

気持ちがこう
ウワ〜〜〜〜ッと
盛り上がれ
ないまま…

ボヤッとした気分で
SEXしてます
ヤルこと
ヤッてんじゃ
ねーかよォ

恋ができない②

まあ…たまーに
ってくらいですよ
クイッ
相手も若くない
ですし…
なぜいいわけ
がましくなるのだ

でも一度も
ドキドキしたこと
ないんです…
さて やるか…

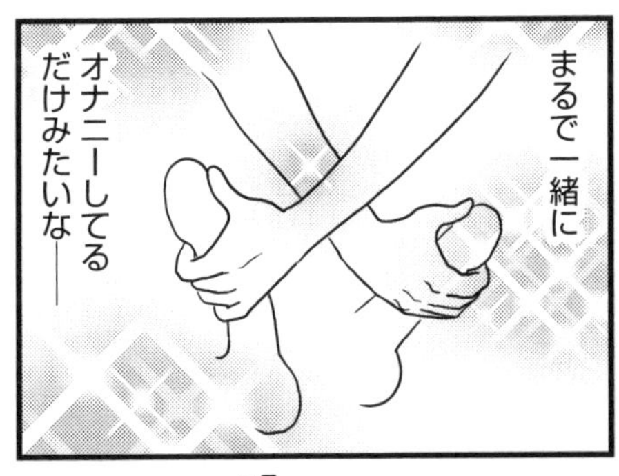
まるで一緒に
オナニーしてる
だけみたいな——

ガバッ
一緒に
オナニー
ビクッ
あれ? 好きな
ワードだった?

彼とＴくん①

相手（カレ）はどう思ってるんですか？

彼もまあ…
〝なんとなく〟な雰囲気です

妥協…といわれれば
そうなのかもしれませんが

新しい出会いを求めるほどのパワーもないし…
でもSNSで熱々（あつあつ）自慢してるカップルを見ると
くやし〜っ
彼と2人でメリクリ 来年も一緒にすごそ
ハワイきたよ！ 子供みたいにはしゃいでる

彼とＴくん②

熱々への憧れはあるってことか…
ごく
出会った頃から淡泊だったんですか？

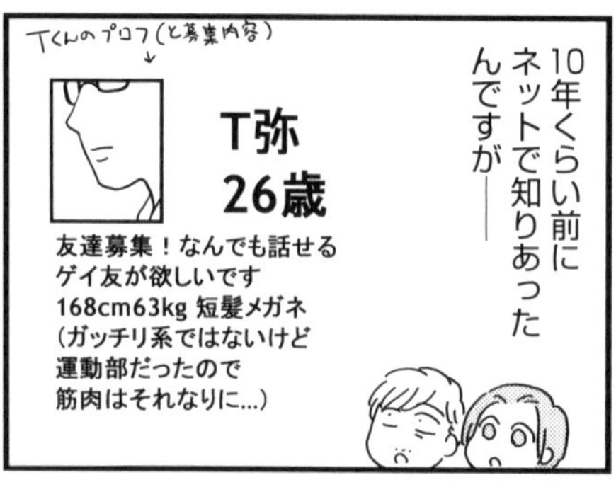

10年くらい前にネットで知りあったんですが――
Tくんのプロフ（と募集内容）
T弥
26歳
友達募集！なんでも話せるゲイ友が欲しいです
168cm63kg 短髪メガネ
（ガッチリ系ではないけど運動部だったので筋肉はそれなりに…）

友達募集と提示しつつも期待してる感…
外見の詳細を書いてるところも「この条件でいい男（かた）がいればぜひ」的な気配が
いわれると思ったぁぁぁっ

たしかにあわよくばと思ってましたよ
でも恋愛できそうな人はゼロでした…!!
そ…そうか

彼との間柄①

そんな中 飲み友達に
なれたのが今の彼でした

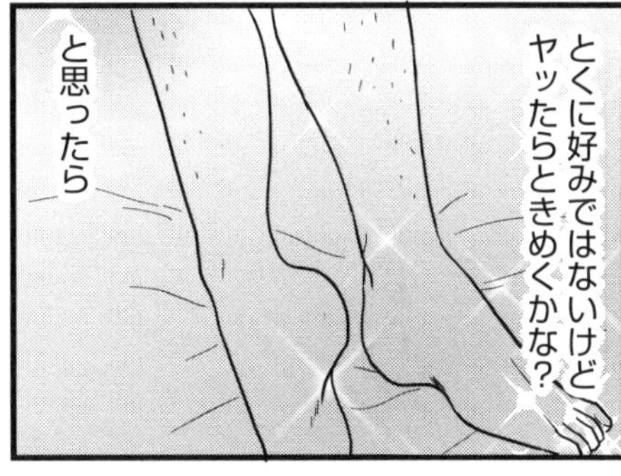
とくに好みではないけど
ヤッたらときめくかな?
と思ったら

そんなことは
なかったです
でも射精は
する…

たぶん相手も
同じだと思う…
知りあった時の
彼氏のプロフ
Y太
28歳
ゲイ友達が欲しいです
172cm70kg普通体形
筋肉質な人、大柄な人が
わりと好みですが
基本的に外見不問です

彼との間柄②

このままでいいのか?
自分たち

あと10年もして
もし勃たなくなったら…
恋をしたくても
間に合わなく
なるのでは…?

勃たなくたって
恋はできるし…

10年後のちんぽの
心配をして
今を大事にしないなんて
まさに
宝の
持ち腐れ!!
ことわざ
それであって
ます?

大切に①

10年後のちんぽの心配をするより今のちんぽを大切にしろ
——新井祥

名言っぽくまとめるのやめてください
ちんぽ名言集作ろうかな
ちんぽ

おお・お・・
そうですよね…
今の彼大切にしなきゃですよね…!!

せっかく出会えた人ですもんね…
ちんぽ名言響いてる…!!

大切に②

いや でも
10年やってこれたってのはスゴいことだよ?

アラサーあたりにさしかかった時別れる人も多いってのに…
そうなんですか…

それだけ相性があってるってことですよ!!
オナニーみたいだっていってたけど…

オナニーはリラックスの証(あかし)…!!

花 ①

「ひとりでするくらいリラックスしてる」
って考えればいいと思う…

熱々の恋人たちは
大輪の花に見えるかもしれないけど…
ピカ ピカ

静かでアットホームな恋人たちは
ひっそりと小さく咲く花……

どちらを生けても花は花…
よい悪いはないと思うんだ

花 ②

ぼくは…
大輪の花に憧れはあるけど

もしそういう人とつきあったりしたら最初はうれしくても

しだいに劣等感とかいろんな気持ちで
まっ黒になって枯れそう…
自分なんて
浮気されたら…
モテる
陰キャって思われてて嫌
妬み

彼ェェ妥協って思ってゴメンよォォ
感情が荒波!!
わあああああん

オナニーはいいこと①

先に自分の価値観をいっておきます

自慰はいいこと
オナニー
文字でか…っ!
大切なことなんで大文字で書きましたァ

〝自〟分を〝慰〟めるだなんて表現間違ってる!!
なんかのスイッチ入ってるよ~このオジサン
がっかッ

オナニーはいいこと②

シングルプレイでも
協力プレイでも

複数プレイでも
互いがよければアリだと思う

ぼくは複数はちょっとイヤかな~
引。
自分もちょっと…
俺は…

現実にするのはイヤだけど妄想上なら好きシチュ!!
…なんの話でしたっけ?

ふたりの日常①

ハッ
そうだ 彼への
トキメキに
ついてだった
あきらめる
しかないで
しょうかね～

浮気できる
性格なら
楽なんでしょう
けど
そういうの
苦手…

彼は？
彼もその兆候
ないですね…

むしろなるべく
仕事以外は
おうちで趣味に
没頭する派

ふたりの日常②

…でエッチは
たまにして
ふたりとも射精
できている
という状況
総合
すると…

いい関係なん
じゃない!?
こんな地味
なのに!?

SNSで見かける
リア充カップルに
ひけ目を感じてる
そうだけど…
くやちぃ～
彼と2人でメリクリ
来年も一緒にすごそ
ハワイきたよ！
子供みたいにはしゃいでる

日常の写真を
ためしに撮ってみなよ
え
しっかり充実
してるふたりだから

見せちゃえ！①

なんならインスタにUPしてみるとか
ででもイケメンでもオシャレでもないから見どころないですよ！

部屋の一角を〝写していいスペース〟にして…
ゴトゴト
ズズズ…

べつの何かになるカメラアプリで写す

もしくは一緒に食った晩メシとかを写して

彼氏と早めの夕飯。
うどんゆでてみた

ふたりの日常を誰かに見せちゃえ!!

見せちゃえ！②

フォロワーが少ないうちでも

人気の#をつけておけば誰かしら見てくれます

ひっそりとした毎日の中にも
セブンの新作スイーツ
次はファミマやろーぜ
PASHA
1%くらいの「ハデ」を練りこんで

少しだけ軽薄になることで

なぜだかフワッと楽になる…
1年前のこの画像…
変顔のフィルターやったなぁ
そんな暮らし方もアリだと思います

4.

"推し"は浮気ですか?

15 years ago

!

サッ

トコトコ…

グッ!

手を上げて渡るなんてえらいね
……

あの子の成功体験が増えるかなと思って……
……いいことだと思うよ!
急な奇行ではあるけど

推しがいること①

推しがいるんですが…
〈Tさん・23歳〉

2次元？3次元？
…3次元です
2次元もいるにはいます…

彼氏もいるので…
これも〝心の浮気〟に入るのかなあとふと思ってしまい
推し
カレシ

罪悪感…
エ〜ッ推しくらいいいんじゃないかなあ⁉
言わなきゃバレないし…

推しがいること②

芸能人を好きになるたび浮気認定してたらキリがないような…？

アニメキャラや芸能人ならいいんですが
たぶん
カレシはマイルドなオタク系
私の推しは…

上司(51)
THE 身近な生身

ワ〜それはなんとも…
イヤがる人はイヤがる事案…
ですよね……
ぐすん

そのつもりは①

でも本当に浮気したい気持ちなんてないんです
奥さんとかはいない人だけど……

彼氏のこと好きだし…
だいいち上司は

アラフィフだしかなり年配じゃないですか
ドグサーッ
ヴッ

ア…アラフィフだって恋愛くらい…
ゲフッ
エッチとか想像できませんよー
先生しっかり

そのつもりは②

自分とつきあうのは想像できないのなら…
推しの何を想像してるの？

何って…
ごはん食べてるところとか…
寝てるところとか

あ…酔ってベロベロになってる姿とかも…♡
ウィ～
結婚なんてしなくてもい～んだよオレは…
キュンキュ～ン

要するに君のアイドル…なんだね？
ですね…!!
日々の潤い源

眺めていたい①

アイドルとか
2次元のキャラ
…が
たしかに近いの
かもしれません

造形が好きだったり
立ち居振る舞いが
新鮮だったり…
うふふ、うふふ、
見てると
目が幸せ

それだけ
なんです…
初恋の人も
少女マンガの
キャラだし…

むしろ今の彼氏(ナマモノ)と
つきあえたことが
奇跡に近い…!!
TVが恋人
だった学生時代
そ
それくらい
わけて考えて
るんだね

眺めていたい②

ぼくもマンガの
キャラが初恋派の
人間ですが…

学生時代 新井先生を
眺めてたことあります
じーーっ

そのせいか
こう君に
ナゾの贈り物
もらうこと
あったな
これ
あげます

授業で作った
人形…？
ハチ…？
すでに不思議
ちゃんなトコロ
出てたんですね
担当

オジサンだって①

ぼくの場合は
その後アシス
タントになって
結果パートナーに
なりましたが

もし
その推しがあなた
に親しんできたら
どうします…？
えっ…

いつも
がんばって
くれて
ありがとう
ランチでも
どう？
えっ
えっ
ぜんぜん
あっても
おかしく
ないと
おもう

とっ。
友達を同行
させます!!
この子たちも
一緒に…
ずらり
それは
その人には
迷惑かも…
おごるつもりで
いるだろうし

オジサンだって②

えっ迷惑に
なるんですか？
だって…
イヤがってる
みたいじゃん

オジサンって
キミが思ってる以上に
イヤがられてる自覚あるよ
やっぱ
ふたりでとか
キモかった
のかな～
あのオヤジ
絶対ヤダ!!
お願い同行して～
いいよ

そんなことないのに!!
むしろマンツー
マンだと
神々しすぎる
っていうか…
ピカー
あっあっ
身が焼ける…

ハハ…にぎやか
で楽しいね
よゆう～
って思う程度
だと思ってた…
表向きはね

誘われたら？①

君は推しが人間だってことを
忘れている!!

テレビやマンガの有名人は
Tさん食事にいかない?
なんていってこないけど
オイデ オイデ

上司なら
好かれてることが知られたら
可能性がなくはない!!
ガーン

薄うすそれがわかってるから
彼氏に対して罪悪感感じるんじゃないですか?
否定できない
うう…そうです…

誘われたら？②

でっでももし人間くさく…
今夜どう…?
とかいってきたら嫌いになりますよ!?
ドン引き

ううん
人間くさい＝エッチしたい
というのは早計

猫カフェ…ひとりだと恥ずかしいから同行してくれないかな…
ズキューン
こういう親しみ方もある!
どーする
かなりヤバいです!!

ああ…いっそ彼氏に萌えられれば楽なのに…
それなら…
「彼氏推し」する術を考えようよ!!
そのほうがきっといいですよ!!

推すとは①

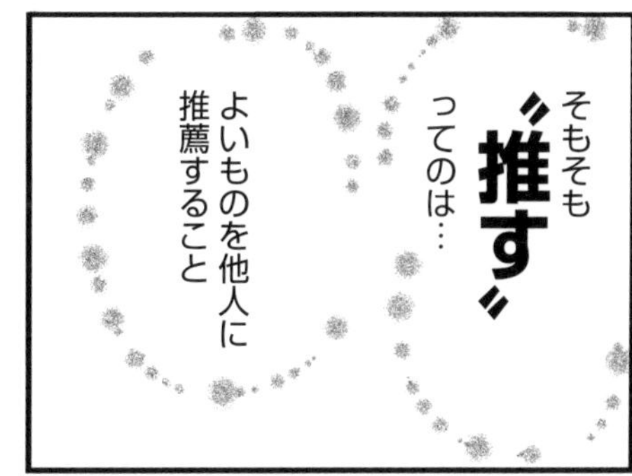

そもそも
〝推す〟
ってのは…
よいものを他人に推薦すること

だから個人的に抱いてる恋心とは違う…
これいいよ!!
…の心が必要なんです
推し

ああ…だから職場の友達と
今日も推しがかわいい

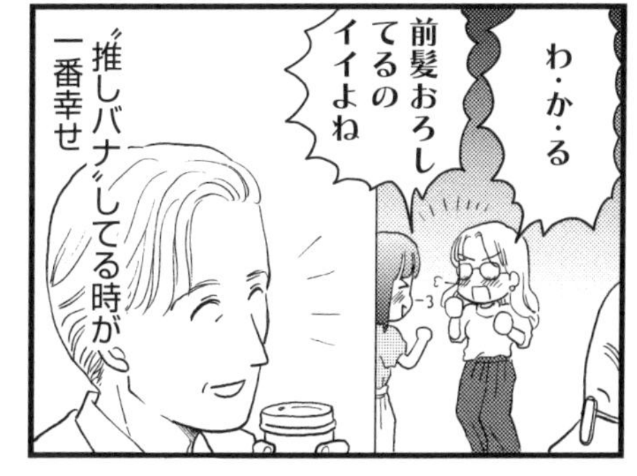

わ・か・る
前髪おろしてるのイイよね
〝推しバナ〟してる時が一番幸せ

推すとは②

彼氏じゃダメなんですか?
そうか仲間がいたか…
一緒にいて楽しいし安心するけど…

推すってのとは違います
でもおかげで気負いなくつきあえてます

でもさ
彼氏…23歳だっつーじゃん?

51歳になった時推しになるよう育てていくってのはどう?
28年間
28年…

彼氏を推しに①

上司に萌え（推し）つつも…
じ～
どうやったらその雰囲気がかもし出されるのか研究し

彼氏のルックスや
髪も少しだけ伸ばしたら？
プレゼント…
おなかも少しへこませて…
腹筋割れなくていいから

言動なんかも時間をかけて自分好みに修正し…
〇〇人はクソみたいなヤツ多いから…
下品な物いいイヤ
あと差別発言やめて
そう？

何もしないで28年間「推せない男」でいるより
〇〇さん最近シブくなりましたね～！
え、そう？
「推しどころのある男」になったほうが本人も幸せかも

彼氏を推しに②

気の長い話だけど まさにそれなら
「気負いしない仲でいる」と…
おうち

※アラフィフになった2人
写真撮らせて…
え？ また？
「彼氏が推し」が両立できますね！
はあ…

彼氏が将来変化するとか考えたことなかった
できますかね…？
できる

あせらないで時間をかければ
推ジサン（オ）は造れる!!
むしろ健康維持できる
ただし薄毛対策だけはしてね
20代
30代
40代
50代

推せる男に①

でも…なんか
悪くないですか
上司の影を
押しつけてる
みたいで

いや…俺は
こう考えるな
もともと
Tさんの脳内に
「推せる人物像」
ってのがあって…
推

上司がそれに比較的
近かっただけで…
推し10カ条
①スーツが似合う
②オールバック
③中高年
④紳士的な物腰
⑤たまに子供っぽい
⑥老眼鏡が似合う
⑦太っていない
⑧子供と動物が好き
⑨下ネタいわない
⑩差別やいじめを嫌う
あてはまっているほど
推せる
だけなんだと思う

あ〜〜〜〜っっ
まさにそうかも
この条件に
あてはまってたら
2次元キャラ
でも沼だ…！
沼で
溺れて
しまう…!!
ズブリ

推せる男に②

罪悪感に
とらわれて
生きるのは
非常にもったいない
ないと思うので——

彼氏を「推せる男」に
育ててあげて
ふたりで幸せに
なりましょう!!

23歳なら大人の
男としての人生は
今始まった
ばかり!!
大人の階段
「こいつには無理」って
あきらめちゃうのは
まだ早いと思う…

オシャレにクチ出すの
かわいそうかと
思ってたけど…
そっか…
あきらめて
ほかの男を見てる
ほうがよく考えたら
かわいそう
ですよね(汗)
自分好みに
なってほしいと
思う心は悪い
ことじゃないよ♡
やってみて!!

5.
合意の上の複数恋愛

デパートなどで
急いでトイレにかけこんだ時…
バターン
ダダダダダダ

ここ本当に男子トイレだった⁉
個室しか目に入ってなかったからわからない‼
ハラハラ…

あれっ⁉
フト…

三角コーナーがないことを確認して安心する
ホッ
男子トイレだよかった…

ポリアモリーとは①

今回の相談者は…
「ポリアモリー」の女の子
相談メール

ポリアモリーって…?
ポリアモリー【Polyamory】
合意のもとに複数のパートナーと恋愛関係を結べる人
コレデス

?!
えっ…!! つらくなったりしないんですかそれ
今日はもうひとりの彼女んち泊まるね
ポリアモリーな彼氏

「合意のもとに」だからつらくない
いってらっしゃーい
明日帰るね〜
こーなるのです

ポリアモリーとは②

えっ…? 浮気者とは違うんですか!?
んーー?
「浮気者」は

こっそりもしくは誰かを悲しませながら
恋やエッチを楽しむワガママな人
本命

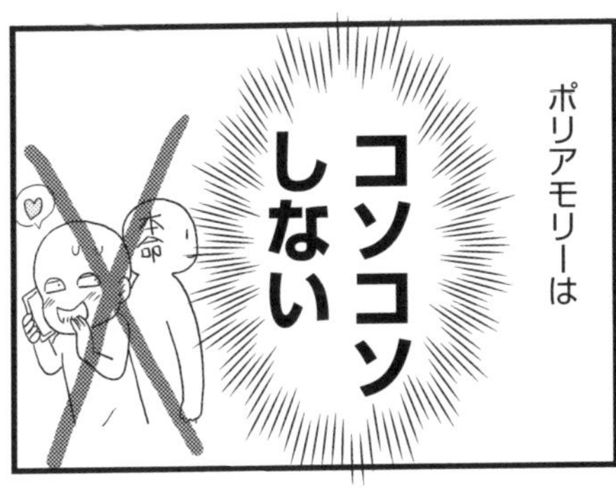
ポリアモリーは
コソコソしない
本命

全員が「複数OK」のゴーサインを出してるから
いいよー
OK
自分
ポ
隠す必要がないのだ

Uさんの場合①

恋人がふたりいるポリアモリーです
〈Uさん・21歳〉

合意してるんだよね？
OK
OK
Aくん
Bくん
はい
ふたりとも真剣に愛してますし

でも他人に話すと「ヤリマン」って思われやすく……
A君とB君どっちともつきあってる
ドン引き
ゲッ…

友達の数は減る一方
正直者は損をする…？
あ
スススー

Uさんの場合②

彼と※TDLいったの♡
おみやげ
私もほかの子たちがしてるみたいに――

※東京ディズニーランドの略

当たり前のように話したい…!!
うーん…

私も彼とTDLいってもうひとりの彼とはユニバいったよ！
……

マウントって思われてませんか…？
これ…
思われそう…!!

Yくんの場合①

相談者もうひとり
結婚しているポリアモリーです
〈Yくん・30歳〉

妻には最初から宣言した上での結婚だったんですが…
恋人ほかにも作るけど…
いいよ!!

私そういうのホント気にならないから!!
多趣味で忙しいし…
Hもそんなにすきじゃないし…
ホッ

最近急な変化が…
子供できたからポリアモリーやめて
ピリピリ…
あれっ!?
急にピリピリしてるし!!
母子手帳

Yくんの場合②

ポリアモリーに理解ある妻

OK

…のふりして実は――

浮気を大目に見てやる妻
だったってことですよね!? これって

子供できたら気がかわってくれると思ってた
しれっ
なんだか…だまされたみたいでモヤッとします

「パートナー合意の上で…」とはいえ――
なんか違くない?!
「広告に偽りあり」って感じだね…
理解者です ご安心を♡
サバサバしてまーす

悪人扱いの理由①

Uさんと
Yくんには
共通点が
あるよね

まわりから
〝悪人扱い〟
されやすい
という…
ペタ
ペタ
遊び人
浮気者
そう
です!!

この世は
モノガミーの
人にあわせて
モノガミー【Monogamy】
1対1でのみ恋愛をする
主義の人
ルールが
決められ
すぎてる!!

でも…
合意をえる
前に恋愛が
始まっちゃう
ポリアモリー
の人も
いるから…
そのせいで
誤解がとけない
んでしょうね…
はあ〜…
合意
未告知

悪人扱いの理由②

恋愛相手に
ポリアモリー
だっていい
そびれる人は
怖がっているんだと
思います…!

いったとたんに
嫌悪感むき出しに
なられたり…
引
ポ
職場でいいふら
されるのが
怖いんだと思う
ヒソ
ヒソ
ポ

そのあたりは
なんだか
LGBT系の
セクマイとも
共通する
ところが
あるね
「マイノリ
ティーあるある」
なのかも
しれませんね…

私は友達に
すら〝いう派〟
ですけどね!
COME
OUT
…キミ本当は
悩んで
なくない?

打診①

悩んでますよ！
ちゃんと…
引かないでほしいと思ってます
し…
へい

「男の数でマウントしてる」っていわれたくもないです…!!
まってー
ふたり…
ふたり…
スススー

じゃあさ
普段の会話から読みとればいいんじゃないの？
いっていい相手かどうか…

このマンガふたりの彼氏がいる主人公の話だって～
わーパスそういうのムカつく
私も
THE 打診
こういってくるようならホンネを隠すか縁を切る

打診②

そうか…私
今まで打診ナシでぶっ放してたのか…
アブネーわけだ…私
うん

正直に告げたい気持ちはわかるけど
受け皿があってるかどうかってのはあると思うよ！
ジュ～

ドラマチックな恋愛憧れる～
！
ジュ～
ピッタリ
中には気にならずに受け入れてくれる人もいるものだと思うし

自分はちゃんと打診した上で話したはずなんですが…!?
打診はしてないよ
直球で聞いてますよね
本音一本勝負

安易な合意①

「子供ができたら」
「気がかわった」
NO
…というのは…

…許されることなんでしょうか?
もちろん子供をつくる時にも合意確認済みです
子供できてもほかの恋人たちとは別れないよ!
いいよー!!
それでもいいの?!

うーん 俺としては…
結婚は他人の人生を左右するものだから…
父
母
父
母
子

(浮気とか本当はヤだけど)
いいよいいよ~!
理解者だから私!
安易な〝合意〟はよくないと思う!!
……

安易な合意②

似たような案件がほかのマイノリティーの人からもきてるんです実は!!
えっ ほかにも…
はい

妊娠したら突然「女装をやめてくれ」と妻がいい出しました
一生続けるよって約束したのに…
〈女装家・Aくん〉

結婚したら突然「恥ずかしいから男に戻ってくれ」と…
ヒドくないですか!?
〈MtF※・Rさん〉

※生まれつきの体は男性だが、性自認が女性の人

子供ができたら突然「Mやめてくれ」といわれました
妻は女王様だったのに…
〈M男・Tくん〉
LGBTに限らずホントいろいろですね…
可燃ごみ

ポリアモリーの結婚①

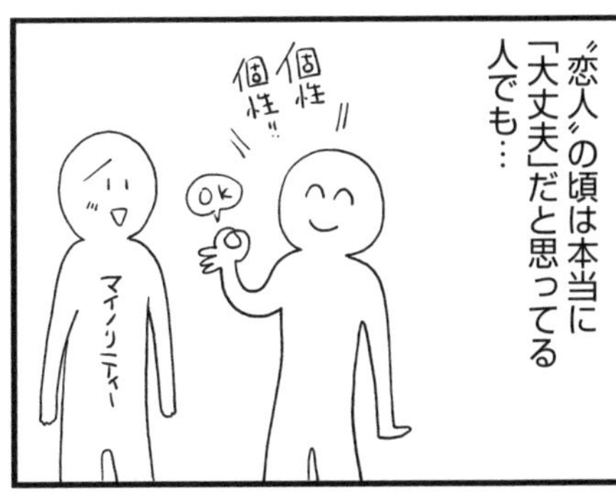
"恋人"の頃は本当に「大丈夫」だと思ってる人でも…
個性
個性!!
OK
マイノリティー

「家庭を守る」モードに切りかわると――
外敵から攻撃されやすい原因を排除したがることがある
ヒソ ヒソ
NG
マイノリティー

もちろん中には「何があっても変化ナシ」な人もいるけどさ
パパのもう1人のおくさんよ
はじめまして♡
え～!

人生の節目がおとずれると人の気はかわる
クチ約束はあてにならない!

ポリアモリーの結婚②

とはいえ
約束をやぶる行為はよくないことだけど…
あの時の約束やっぱナシね～
NG

生まれてくる子供(かぞく)は…
"合意"するかわからないわけだから――

授かってしまったかぎりは
恋人B
恋人A
ほかの恋人とはお別れしたほうがいいと思う

養育費もかかるし…
今よりも家事と育児に時間をとられるわけだから
ぶっちゃけほかの人とデートしてるヒマなんてねーよ
まさか奥さんまかせじゃねーよな?

自制①

ポリアモリーで
あること自体を
やめたほうが
いいんですね…
今後…

ううん
生まれつきの
特性を変える
ことは無理だから
natural
born

恋を実らせ
なければ
いいんだと思う
ガマン

“憧れ以上 恋愛未満”
あたりにとどめて
自制
これは
恋じゃない
ただの憧れ
尊敬心!!
ギュー…ッ
ふた

自制②

ひとりに定めて
ほかは自制
……!?
ガーン!!

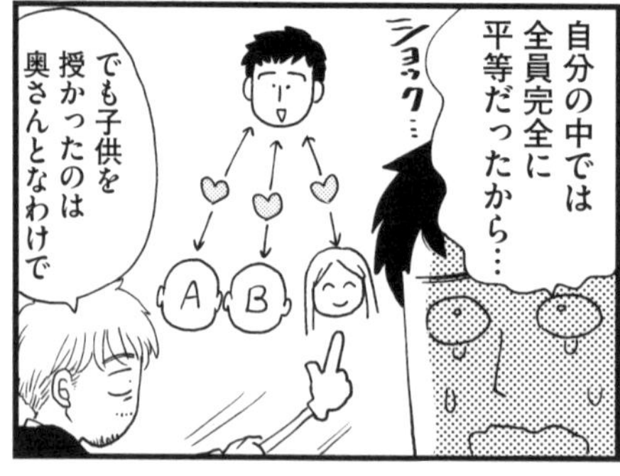

ショック…
自分の中では
全員完全に
平等だったから…
でも子供を
授かったのは
奥さんとなわけで
A
B

ここに迷惑がかかる
くらいだったら
こっちの恋を
“心に秘める程度”に
しろというお話
ガシャーン
遮断
A
B

ここでコッソリ
会うようになったら
ポリアモリーじゃ
なくて…
ただの
浮気男
になるという
選択肢も
なくはないけど
…自制
します!
これは
なんかヤダ…

6. ゲイだけど女性パートナーがほしい

今この原稿を描いてるのは
コロナウイルスによる「週末の外出自粛要請」まっただ中なんですが…

感染爆発
重大局面

とりまおうちで楽しもう!!

おたのしみ
びっくりパック
おもいきりパック

本が出る頃どうなってるか…
先が見えませんね
キリキリキリ～
ストレス感じる…

ゲームしながらお菓子で「STAY AT HOME」
いつもとかわらないような…？
一応そこそこの米とパスタ買った↓
米
おもいきりパック
びっくりパック

パートナーが…①

災害がおきると
強く感じるのは…
〈Eくん・37歳・ゲイ〉

独身って
不安…!!
ってこと

パートナーが
ほしいの?
はい!!
それもできれば…

女性の…
えっ!?
ゲイなん
ですよね?

パートナーが…②

ぼく…ゲイを
信用してないんです

パートナーを
つくっても
誰と…?
ハッテン場や
出会い系アプリで
浮気されるん
じゃないかって…

事実 20代の
頃から数人と
つきあったけど
若手リーマンのカレ
ベテランリーマンのカレ
接客業のカレ
建設業のカレ
ひとり残らず
浮気しやがったから

ちょっといい感じの
人と知りあっても
どうせ
この男も…
ギン
ってつい
思っちゃうんです…

男性不信①

男性不信②

カムアウトしてないから息苦しいそうです

結婚対象は①

レズビアンの中に同じような人いるかもよ？
形式だけの結婚
ゲイ
ビアン
※たまにこういう夫婦います

はい…でも
LGBTとしての苦労はわかちあえるかもしれないけど…

あーグッとくるな〜この子！
へーそう？
むしろキライなタイプ…

キャーステキ♡この男(ひと)！
へーそう？
どこまでもわかりあえない気がしてしまって…

結婚対象は②

ノンケの男友達と価値観があわなかった

寂しい過去を思い出してしまう…

女性は恋愛対象じゃないです！
って人のほうが——

ぼくも!!
同意できるので安心感高いです!!

話があうかどうかが最優先…と
そうです!!
一緒にキャッキャしたい!!

理想①

私 ノンケで
恋愛対象は男性
推しの芸能人も
男性ですが…

恋愛はもう
したくない!
でも結婚は しときたい!!
って女性が
理想ですね♡

ふたりで仲よく
料理つくったり
家事を
したり
映画を
見たり…

こんな時代
だからこそ
ていねいに
暮らして
いきたい…♡
家事嫌いな
女性も多いと
思うけど…
カフェごはんを おうちで作る本
かんたん!! 保存食

理想②

先生はどう
思いますか?
こーいうの…
へんかな〜
いやあ
俺はアリ
だと思うよ!!

恋愛ヌキでも
〝パートナー〟は
成り立つと思う

トキメキよりも
SEXよりも
信頼しあう心が
大事…!!

うーんたしかに
病気になった時
頼れる存在が
いるってのは
心強いと
思う
そうですよね!!
今ホント
毎日心配で…

恋愛ナシでも①

むしろ大人のセクマイ向けの…
恋愛ナシ婚活パーティー
があればいいのにとすら思ってる

ノンケ
ごたいめ〜〜ん
セクマイ

自分はBLが好きで…
私も!!
ゲーム実況が趣味で…
ぼくはVTuberしてます

むしろ恋愛ナシのほうが…
飾り気なく知りあえそう
オタコンに見えるのはたとえのせい…?

恋愛ナシでも②

…で今お目当ての女友達とかはいるの?
仲いい子はいるけど…

30代にもなると結婚してたり彼氏もちだったり
あーねー

こうなったらアプリとかSNSを使って…
出会いのチャンスを探してみます!!

1カ月後
ゲイ友がほしい腐女子ばかりくるんですが
これはどう考えたら…?
アリなの? ナシなの?
うーん…

ここが気になる①

一見〝興味本位〟に見えるかもしれないけど――
俺はアリだと思うよ？

腐女子は嫌い？
いえ とくに気になりません

僕も若い頃BLを読むことあったので…
キョロ キョロ
…ただ気になるのが

お金の使い方です!!
推しに貢がれるのはコマル…！
ガチャに10万
イベント10万
グッズに10万

ここが気になる②

結婚を前提となると…
恋はせずとも
家族
一緒の〝世帯〟になるわけだから

散財するタイプの人は不安になります
仕事なくなったけど貯金してなーいっ
たまにいるもんねすごく貢ぐ人…

お金の使い方って…
恋愛アリかナシか関係なく

一緒に生活してく限り
価値観があわないとヤバいよね
私が推しを
支えてるの!!
ゆきち投入~!!
月にいくらまでって決めても推しのイベント始まっちゃうとガマンできない人もいるかも…

お金の使い方①

Eくんは趣味に使ったりしない人？
お金
多少は…

月にゲームをひとつと本とアプリを数点買うくらい
1～2万ってところでしょうか
服もファストファッションだし…

じゃあさ
それを指標に探せばいいんじゃないの？

趣味にかけるお金は月1～2万でいい方募集
せこくないですか!?
そこでせこいと考える人とは出会わなくていいよ
キミの場合は

お金の使い方②

ひとことで腐女子といっても…
BL雑誌や単行本数冊を買うだけという人や

妄想したりツイッターで関連イラスト見るだけで
なんでネクタイおそろいなのねぇなんで理由を聞かせて

お金を使う趣味は
BLとはべつにあるって人も多いから…

腐女子だからって推しに散財するわけじゃない!!
推しに使うのは月1万以内!!
→自分できまりをつくってる人もいる

価値観①

そうか…
そうですよね
オタッ気ない人でも――
服や美容や
高〜いコスメ

旅行・夜遊び
Instagram
今年2度目のハワイ♡
飲み代全員出すよ〜!!
ありーっす♡
人におごるのが好きな人など

金遣いが荒い人はいろいろいますもんね
そうそうだから
・・・何に使うかよりもいくら使うかで

〈教訓〉
価値観があわない人とは結婚しないほうがいい
「収入があるから大丈夫」っていう人もいつなくなるかわかんない時代だもんね

価値観②

〝友情結婚〟であっても
〝恋愛結婚〟であっても…

結局かわらないですね…?
?
そうなのかもね
一緒に暮らすっていうのは

数カ月後
価値観ピッタリの女友達ができました!!
おーっ

49歳バツイチの腐女子です!!
なるほど…大人世代から見つけたか!!
でもやっぱり腐女子なんですね

ど貧乏体験

バブルの頃の
高校生の時給

シャカ
シャカ

500円

もうかってたのは
大人だけだったんだよ〜

エッチ編
The Secret Story
at Midnight
by "seibetsu ga nai!"hito

7. “外イキ”ができません!

クーラー対策に使い捨てカイロを貼っている
ポカポカ
ああムラムラしてきた…
じーーんわ…
そこ直結してるの!?
じわー…
血行と関係してるんだとしたら猛暑日にはどうなっちゃうんですか!?
うおおおおおおお
野生に戻っちゃう?!
頭がのぼせると完全に萎える

外とは①

外イキしたことがなくて…
〈Sさん・？歳〉

そといき？？
ポッ
クリでイクことです

ああビックリした…なんのことか理解できませんでした

男は外イキが大多数だから…
ぴゅる
まあ…そ…そうかたしかに

外とは②

てことは…
男性のアレは——

大きいクリでイクみたいな…？
大きな栗の〜
ある意味そーですね

じゃ…じゃあ外イキできない私は…
※EDみたいなモンでしょうか…？
さあああああ

※勃起不全のこと

中イキは？
コホン
最近できるようになりました
ならいーじゃん

中イキ外イキ①

中イキとは
膣だけでイクこと!!

これがわりとできる人が少なく…
ぼくはできます!
君のは膣じゃなくアナ…

あっはーーん♡

うーんいい絵面…♡
あれ? なんの話でしたっけ
外イキできないことについてですっ

中イキ外イキ②

彼が外でもイカせようと…
ああそうだった

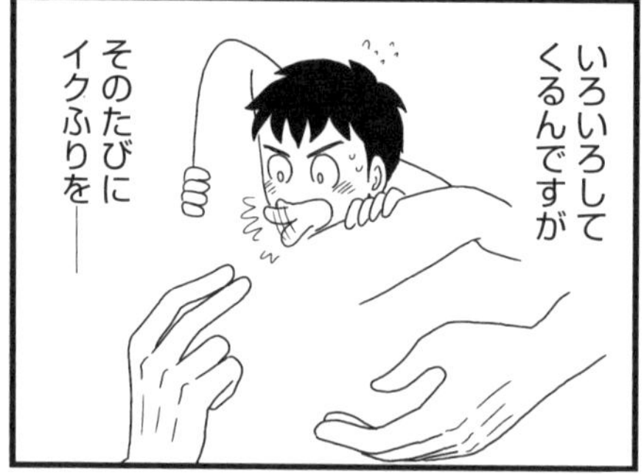
いろいろしてくるんですが
そのたびにイクふりを——

あ〜〜イク〜〜♡
罪悪感を感じてしまって…

外イキしないっていっちゃえばいいのに…
今さらいいにくいです…!!

告げる内容①

たしかに…
もしも
イカない
って告げたら

イカせる努力を
がんばってしてきた
男ほど
ショックが
大きくて

EDや
セックスレスに
なったり

果ては「イッてくれる子」と
浮気しちゃうヤツも…
わ〜〜っ
それが
イヤなん
です〜っ

告げる内容②

大丈夫
大丈夫
何が
大丈夫なん
ですかっ…!!

最近
って
つければ

さい
きん…
そう
「最近」

最近あなたの
アレを挿れなきゃ
イカなくなっ
ちゃった…♡
だから
早く…
これ
です

演技①

彼のためにがんばってきた
これまでの〝演技〟の歴史は

アカデミー主演女優賞を
自分にあげて

捨てましょう!!
ガシャーン
ワー

どっちでもいーんだよ
イケるんなら
中でも外でも
は…はぁ

演技②

演技に罪悪感を持つことなんてないですよ

ぼくはイクのが遅い彼とつきあってた頃
自分が出したあともあえいであげるのは
AH
OH

少しでも早くイカせてあげるための
努力と根性
だと思っていました

様子はBLなのにハートはスポ根マンガ…
コク…
悪いことじゃない気がしてきました!!

イケる運①

でもさ
イケるかどうかって…

運
も関係してくるよね…!!
運
GoodLuckisimportant

仕事 体調 環境にメンタル
パートナーの仕事の忙しさ…

それらの中で不調なものがひとつでもあると
女性はたちまちイキにくくなるから…
心配
心配
あ 中年以降の男性もね

イケる運②

じゃあ外イキを覚えないうちに中イキできるようになった私は

運がよかったんですね!!
そうだと思う!!

ED
でももし彼が勃起(ぼっき)しなくなったら…

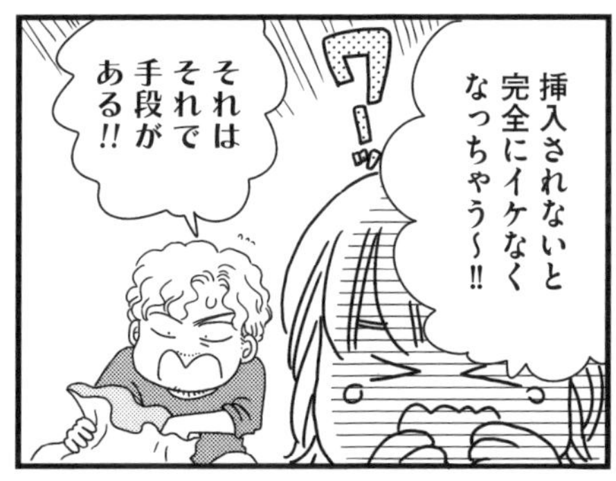
挿入されないと完全にイケなくなっちゃう～!!
それはそれで手段がある!!

ペニスケース①

コロン…

なんですかこのちんこ…
補助グッズだ

勃起の?
そう
ディルド…ですか?

いやペニスケース
スポー
だから中はがらんどうだ
空洞
先端はディルドと同じ

ペニスケース②

彼が「勃たないけど射精はする」場合
TORO~

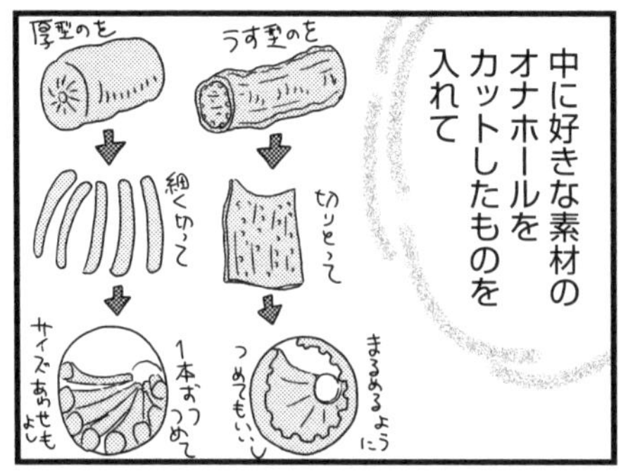
中に好きな素材のオナホールをカットしたものを入れて
厚型のを
うす型のを
細く切って
切りとって
1本ずつつめて
サイズあわせもよし
まるめるように
つめてもいい

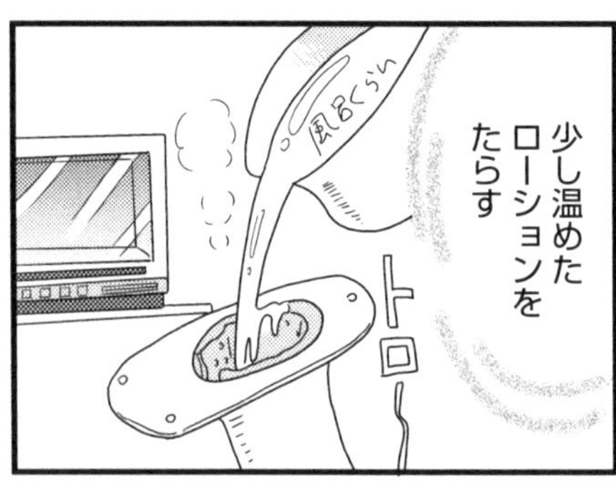
少し温めたローションをたらす
風呂ぐらい
トロー

ただし石油系のローションだとオナホが溶けることがあるので注意してね!!
大人向けワク●クさん…

ペニバン!? ①

ちょうどいい
ヌルヌルの
スキ間が
できたら
グポッ
ヌポッ

ちんこを
挿入

そして腰に
バンドで
固定!!
ペニバン状態!!
うしろで
とめる

？ペ・ニ・ス・入りの
ケースでも
「ペニバン」なんだ
ろーか…？
よくあるのは…
ディルドをハメこんで
腰にまく(もしくはパンツ
みたいにはく)タイプ
なんじゃ
ない
ですか

ペニバン!? ②

レズビアンの人や
女王様が使う
イメージがある
「ペニバン」だけど

※純男(すみお)が使っても
いいんです!!
通販で
安く
買えます!!

※生まれつき男性の人のこと

ちなみにSMプレイに
おいては
男のSが

“調教道具の一種”
として使うことも
あります
あ〜ありがとう
ございますぅぅ
フッ
あくまでも
道具だ
SEXなぞ
してやるものか

↑でも中で出そうになっちゃったり…

静かなるちん①

もし彼が「勃起も射精もしない」状態になったら…？
ZZZ

それでもペニスケースでいいんじゃない？
もちろん精神的な問題なら治療もひつようだけど
いいんでしょーか

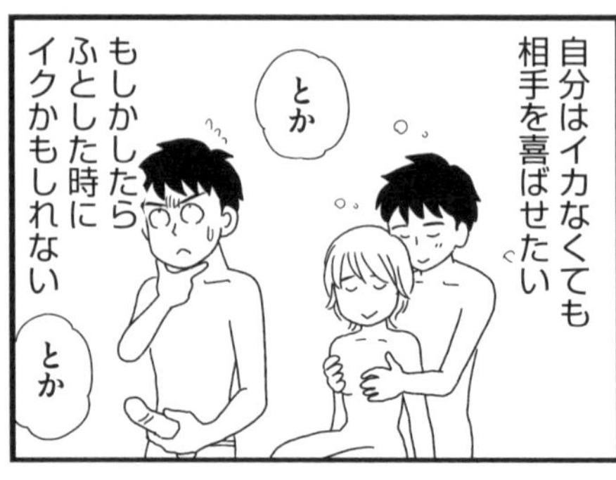
自分はイカなくても相手を喜ばせたい
とか
もしかしたらふとした時にイクかもしれない
とか

思惑はさまざまだろうけど
相手をイカせるためだけにするSEX
ってのはべつに悪いことじゃないと思う…

静かなるちん②

ただ…

この状態になると…
性欲自体薄くなってる人も多いね

そしたら…私も一緒にエッチ自体やめるかなぁ
それも手かもね

年をとっていけばどうせいつか訪れることだし——
あっ俺はまだ現役だからね!?
なんのアピールなんですか

8.
アソコが
クチに入らない!
先生は
大人なのに
「ウンコ」で
すぐ笑い
ますよね
ウンコ
クスッ…
そんなこと
ないぞ!
シュールさに
笑ってる
だけだ
爽やかに笑っても
笑ったことに
かわりないですから
不覚…

クチに…！①

ちんこをクチに入れられない…
〈Sさん・26歳〉

それは…
精神的な意味で？

いえ肉体的な意味で…

クチのサイズとあわないんですっ…
あう，あう，
彼氏巨根？

クチに…！②

しゃぶってあげようとしても…

アガ
アガ。。。
くっクチがこれ以上は…

ど…
どんだけデカいんだ…!!

しゃ…写真とかある…!?
ゴクリ…
先生!!

サイズの問題？①

写真…
あったかな
見せなくて
いいですから!!

おそらく…
「普通」
だと思います
並

今まで数人
おつきあい
しましたが…

その中でも
中の下
くらい…？
1
2
3
4
それ彼氏さんに
いうと傷つくかも
しれないからね

サイズの問題？②

クチには上手く
入らなくても
エッチはスムーズに
できるので

くわえ方が
悪いのかなあ…
と
どの人でも
そんな感じ
だった？

はい
ユルく感じた
人すらいます
そ…
それは
もしや…

君のアソコが
ユルいから…？
と思っても
クチに出せない
ふたり

くわえてみて！①

ハッ

もしかして…!!
キミ…

これを食べてみてくれ!!
きゅうりー

セ…セクハラ…？
違う違う!!
てかナメたりしなくていいから!!

くわえてみて！②

あー
う～…

わかった
カリ…

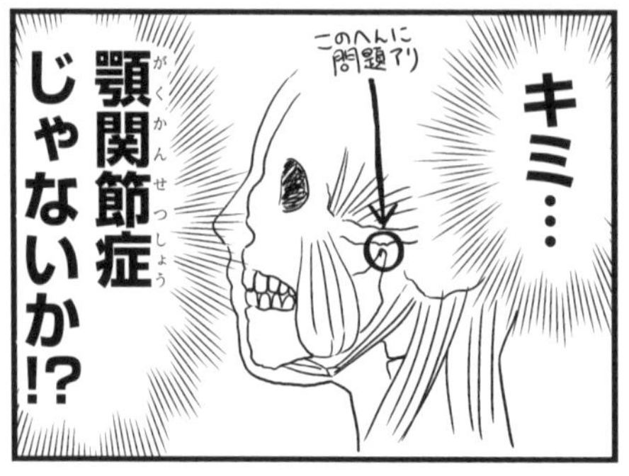
キミ…
顎関節症じゃないか!?
このへんに問題アリ

そ…そうなのかも？
あご開くとポキッていうし…
顎関節症の人にフェラはキツい!!
カクカク

顎関節症①

あなたはクチに
指3本入り
ますか!?

3
指を3本…
こうではナイ

あが
あが…
まったく無理
れす…

2本も
キツい
もしや
重症
病院いった
ほうがいいかも

顎関節症②

指3本分
開かないと
顎関節症の
可能性が高い
というけどね
……

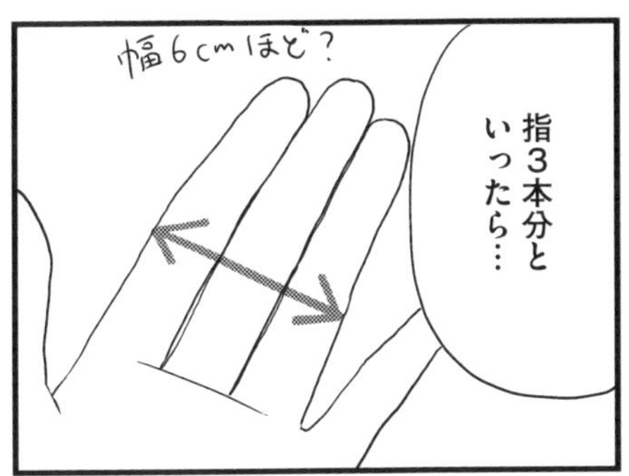
幅6cmほど?
指3本分と
いったら…

ドヤァァァ
ちんこ的に見れば
けっこうな
巨根!!

ご自分の指で
見てみて
ください
イメージ
ぼくも
無理…

フェラするには…①

細めの人でも指2本分はあるから…

顎関節症の人はくわえることが難しく…
ひたすらナメる
うう…

私 絶対顎関節症だ
早く治したほうがいいよ！

実はぼくも顎関節症で――
小さいのならくわえても痛くないよ♡
カチャ

フェラするには…②

お口開かなくても大丈夫なエコノミーサイズ!!
フェラ自体苦手です
わかりました…

私…
治します!!

そしたら普通サイズのアレなんて楽らくと…
PAKU
あっ
うふふふ

って
どーやって治すの!?
だいじょぶだいじょぶ

顎関節症とは①

顎関節症は
コリッ
口を開閉すると
骨のすれる音が…
あごの関節周辺になんらかの異常があり

クチが開けづらくなったり
イテー

物を食べるとあごが痛くなったりする病気で
イテー

重症化すると頭痛・めまい
顔がゆがむことも…
エーーッ

顎関節症とは②

フェラできないだけかと思ったら…

ガチで治すべき案件じゃないですか!!

ブルドッ。。

けっこういるもんだから怖がらなくていいよ
ぼくも顎関節症です

俺も最近…
片側だけ抜歯したせいかな
左右のバランスが崩れたんですね

あっ…でも
フェラできる程度だから安心して!!
なんの安心!?

整骨院で教わった方法

ぼくがいってる整骨院では…

顔の力をヌイて…
ふ…ふぁ
だら〜ん

右に5回倒して
ゆっくりね
ふゎ〜

左に5回倒す
こっちちょっと引っかかる…？

引っかかりを感じたほうに＋5回…
ふぁい
っての教えてくれました

俺はその左右に回すバージョンを…
右
左

やはり引っかかる側を＋5回…
ゆっくりね
どっちの方法も効きますよね

あっ!? こっ…こっち突っぱる…
いでっ
無理しないで!
そっち側がズレてんのかな？

やり方いろいろ①

パカー
あと大きく
クチを開けて
10秒…
パカー

アイ〜ンを
10秒…

あご引っこめを
10秒…
シュウウウウウウウ

ってのも…
変顔大会に
なってますよ!?

やり方いろいろ②

割りバシをかむ
方法とかもあるけど…
でも
これが
きくんだな〜

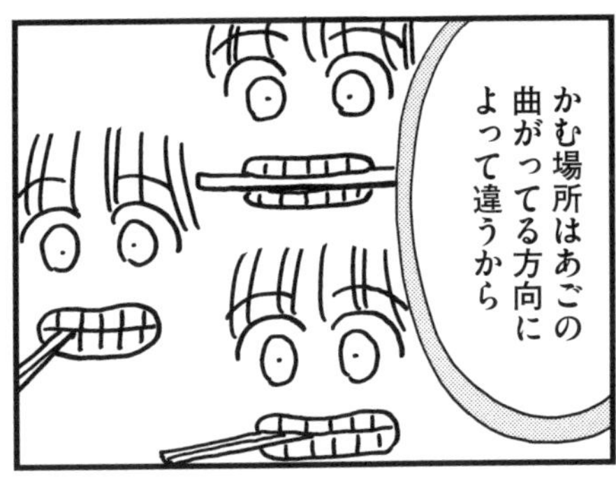
かむ場所はあごの
曲がってる方向に
よって違うから

まずは1回
整骨院などで
検査を…
そう
ですね

ちんこくわえられる
ようにがんばります!!
完治して
しゃぶりまくれよ!!

9. 彼女がクンニで凹みます

最近自慰してないな〜
いかん
エロ動画サイト
ホルモンバランスのためにもここは一発
ローション使うぞ…
ヒリッ
皮フが敏感になりすぎてる…!?
ヒリヒリ
しばらく触ってないと少年のむけたて亀頭みたいになるんだと知りました

クンニ凹み①

彼女がクンニで凹みます
〈Iさん・23歳〉

クンニするとイヤがる彼女…？
あ…されるのは私のほうですが

ナメてるうちにじょじょに気が沈んで
クンニ凹みするんです
はぁ～…

クンニ凹み
おうっ…
なんかわかんないけどパワーワード

クンニ凹み②

何故…？
私の前の恋人が男だから…

ゴメンねちんこなくて…
しくしく…
攻め技が舌と指のみなことに凹むらしく

私も慰めるのに疲れてしまい
どよ～
また…?!
空気が悪くなり困ってます…

セクマイあるある判定
ピコーン
ピコーン
ある
ある
エッ よくある話なの!? コレ
変だと思ってた!!

心で…①

ふだんは
明るいカノジョ
私としては気にしないでほしいし
いっそ交互にシてもいいと思うんですが…

攻め役を申し出ると——
今度は私が…

いいよ私は…
心で一緒にイッてるから…

心でイッてるって何…？
精神的エクスタシーの存在を提示されます
ぴた…

心で…②

それに対してどう反応してたの？
私は…

そういう人もいるんだー…
………
ぴったり

って思ってナメてもらってました☆
待ってその「………」には何入るの!?

こっちにもクンニさせてアへ顔見せてくれよ…!!
でも下品すぎるのでいえない…
ギギギギギ

B(バイセクシュアル)だけではナイ①

こういうのって「Bあるある」なんでしょうか
それともT(トランス)も…？

G(ゲイ)からの相談でもあるよ!!
たとえば…
彼氏がナメさせてくれないんです
〈Uくん・28歳〉

キミは何もしないでいいからね
ちゅぱ
ちゅぱ
そんな…俺だけあっ
なんかエロいな
って感じで…

Bだけではナイ②

Bだけじゃないんだ…
こういうの…
受攻(ネコタチ)がはっきりわかれてるカップルでたまにいるよね

SM系のカップルにも――
同性異性問わず…
三角木馬に乗った王子様
え SM!?

SMといえば〝おクチでご奉仕〟してそうだけど…
舌を使わずにイカせてみろ

Mに股間をさらすのはイヤだね!!
さらさせるのは好きだけど
S
〝奉仕〟嫌いのSも意外といる現実

クチですること①

一方のMのほうも…
Sのかたにナメていただくなんて恐れ多くて無理…

こっちからご奉仕するのは好きだけど…
ポッ
「自分がナメられるのはイヤ!!」という人もいて

これが組みあわさると…
ご奉仕します〜
NO!!
こっちに身を任せとけ!!

あれっ
私のパターンと少しだけ似てるかも…？
この場合Sも心でイッてるのかな…!?
?!
?!

クチですること②

とりあえず全パターンに共通することは…
どちらか片方が——

性器を露出する&ナメさせる
これを拒(こば)んでいるということ

イヤなものはイヤだろうから…
無理にしないでいいと思うけど…

理由はホントいろいろでしょうね
恥ずかしい
プライド傷つく
コンプレックス
トラウマが!!
女王様にそんな汚いこと…

クンニ凹み対策①

彼女さんに関しては
無理に相互クンニする必要はないけど
そうごクンニ…

凹むのはなんとかしたいよね
はい…
ハア〜…

元彼の
ちんこは気持ちよかった?
MOTO KARE

そうですね可もなく不可もなくでした!!
元彼が聞いたら凹みそう

クンニ凹み対策②

そんなもんだよね
「痛くなければマシなほう」って男は多いし
そうですね!
ほんね

でもまぁそこはちょっと大げさに
「ゼンッゼン感じなかった」…くらいいってあげてもいいんじゃない!?

彼女のテクはちゃんとほめて持ち上げてるんですが…
足りないのでしょうか…
すごくよかったよ
上手へ

上げてダメなら下げてみろ!!
元彼エッチをけなすのも時にはアリ!!
いいの?!
ぎゅーしっ
元彼

上手な下げ方①

え…元彼をディスるってことですか？
とまどい

悪い人ではなかったので気が引ける…
別れ方もわりと円満だったし…
距離おこうか
大丈夫!!

あっ
エッチについてだけだから!!

関係ないところはけなさず
ちんこの挿入に関してのみ!!
ピストンでは痛みしか感じず…

上手な下げ方②

日常的なできごとのアレコレもついでにたたく
くど
くど
悪し（わろし）
ダメ出しグセがあると思われる

人格も全否定
悪し
蔑み（さげすみ）ながらエッチできるの？もしかして今も…？と不信感

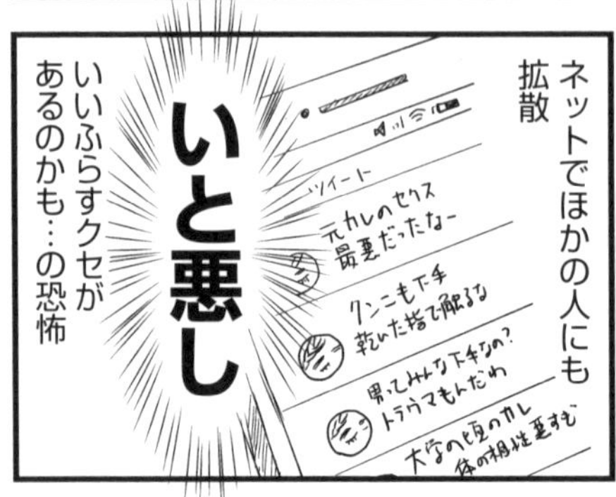

ネットでほかの人にも拡散
ツイート
元カレのセクス最悪だったなー
クンニも下手 乾いた指で触るな
男ってみんな下手なの？トラウマもんだわ
大学の頃のカレ 体の相性悪すぎ
いと悪し
いいふらすクセがあるのかも…の恐怖

ピンポイントに絞って話す
ちんこは太くて気持ちよくない
指や舌のほうが好き
よきかな

自信をつけよう①

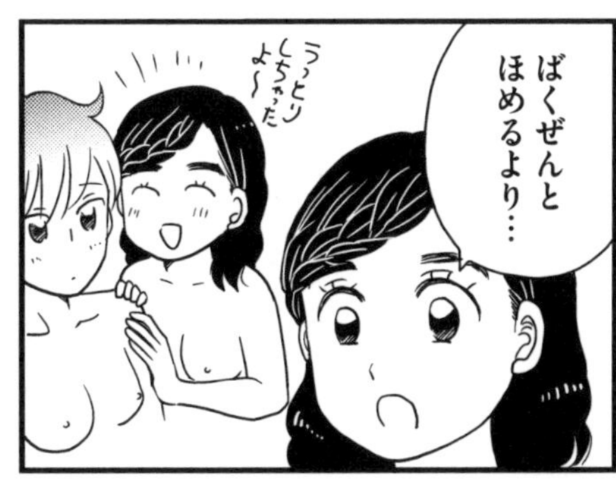
ばくぜんと
ほめるより…
うっとりしちゃったよ〜

具体的なほうがいいんですね!?
そう!!
彼女に自信をつけるためには

女でゴメン…
ちんこなくてゴメン…
…と思ってしまいがちなところを

女でよかった!!
ちんこなくてむしろ勝った
反転させる必要があるってこと!!

自信をつけよう②

おそらく…
本来は近い目線でライバル視するところ
元恋人
今恋人

〝女〟ということが彼女の心の中の地位を下げてると思うんだ
どうせ女だし…
元恋人
今

エーッ 気にすることないのに…
結果としてBになったキミはそう思うかもしれないけど…

元の恋人と自分が〝異性〟なのって
どうやって乗り越えたらいいの…!?
…って壁だから——
ノンケの世界

コンプレックス①

これは実は
セクマイだけの
問題じゃなく…
〝一般的〟な
男と女でも

体格とか…
人種とか…
自分の力では
どうにもできない
生まれつきの要素で

元の恋人との
違いが大きい
と思う人全員に
当てはまる
悩みだと思う

そしてどんな場合でも
人はなぜか
自分のほうが
劣ってる…
と思ってしまう
ナゾ

コンプレックス②

新井先生も
そう思う時
あるんですか?

あるよー!!

ゲイのこう君と
パートナーに
なるっていっても
俺100%
男ってわけ
じゃないしさ

男は好き
だけど俺
ゲイじゃないし…
?
はたから見たら
ぜんぜんゲイですが…

「まーでもイヤなら
どっかいくだろ!!」
って考える
ように
なったね
KAIKETU
そのわり切り感
彼女にもわけて
あげたい…!

10.
ナメ方のコツを知りたい!
最近…妙に
股間が乾く
思いきって自慰で潤すと…
うおおおおお
集中!
※集中しないとイケない
ただでさえ女性ホルモン足りないのに…
トシのせいでか完全に休眠ぎみ…
尿道炎に
乾きやすくなると…
雑菌にも弱くなるんだなぁ
無理するのやめよ!!
ぢくぢく…

カップルからの相談①

今回の相談者はカップルさん
〈FtM[※1]×純女[※2]さん〉

※1：生まれつきの体は女性だが性自認が男性の人　※2：生来の女性

セットとは珍しい
恋愛相談ですか？
恋愛っていうかその…

夜の営みについての…

大得意でーす!!
1ページ前で乾くとかいってたクセに…
ひゃっほう〜

カップルからの相談②

かなり下なんですが…
言っちゃいなよ……
ニ〜…
無問題無問題♬
むしろよき

ナメかたのコツを
伝授してください!!

クンニ？
…と頭によぎったけど

あ…もし彼女ちゃんがFtM君のをナメるのなら
〝クンニ〟は違うか…
〝ミニちんフェラ〟あたりが妥当な言葉だろうか…？

どっちが…①

どっちがどっちの…？
ねんのためきいておく
互いに…？

基本的には自分が彼女のをナメるんですが…

まれに彼女が自分のをナメる…
時もあります

〃まれに〃…？
まれな時って…いったいどんなシチュ…
もんもんもん…
聞きにくい…
？

どっちが…②

ただ問題がありまして…
ハイ

自分のテクが未熟なせいか…
なかなかイケないみたいなんです……彼女

いいよ～！無理しないで…
今日はここまでにしよ!!
2時間ナメてた
中断することもしばしば…

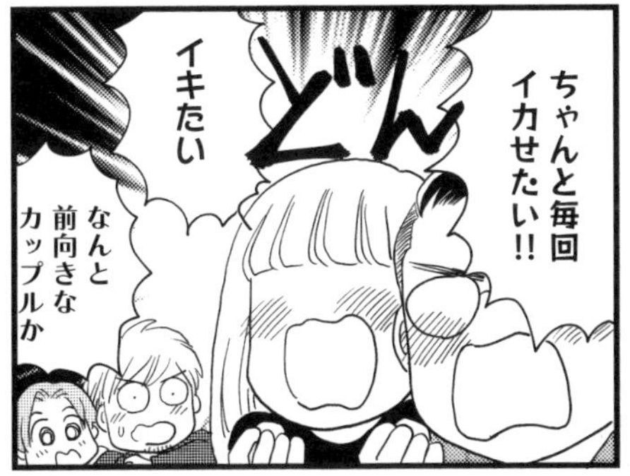
ちゃんと毎回イカせたい!!
どん
イキたい
なんと前向きなカップルか

長時間ナメ①

長い時間ナメてると
・・・・・ふたりとも痛くならない？

え…
たしかに…
自分はアゴやほおが痛くなりますが…？
ハッ…

クリが痛くなることあります
エー！
ごめん！
そうだったの!?

クリはナメつづけると
敏感になりすぎたり
しびれて鈍感になることがあります
もう無理！
？

長時間ナメ②

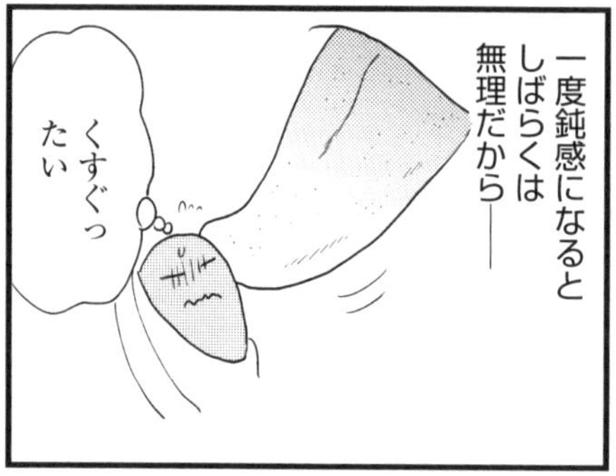
一度鈍感になるとしばらくは無理だから――
くすぐったい

そうなる前にイッちゃいたいよね…
痛
かといってあせってこすると痛くなるし

ヒリヒリしそうになったらローション使ってるんですが…
「しそうになってから」じゃ遅い!!

イキにくいカップルは
最初から使ってきましょー!!
ほんのちょっとでも痛いと
防御体制になるクリちゃん

ローション

ローションを使う時は手で温めて
局部の体温を下げないよう気をつけましょう
ヌラ
ヌラ
ヌラ
ヌラ
ヌラ

冷たさが逆に刺激になる〜♡
氷
って話を聞いたことがありますが…

熟練してないうちは温めていくほうが
無難です!!
フツーにヤルのは
飽きてきたわ〜♡
熟練者→
ほか
ほか…

では必要なものを用意したところで
次の段からは基本的なイカせ講座を！
体を冷やさないよう
毛布
バスタオル
ローション（手が冷たい人はあたためて）
ウエットティッシュ
←ヌルつくので…

クリでイカせる①

「クリイキ」基礎講座
じゃーーん、
比較的だれにでも通用する方法を…

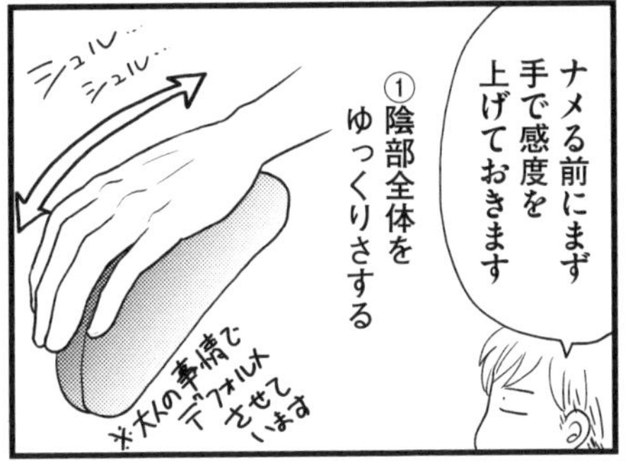
ナメる前にまず手で感度を上げておきます
①陰部全体をゆっくりさする
シュル… シュル…
※大人の事情でデフォルメさせています

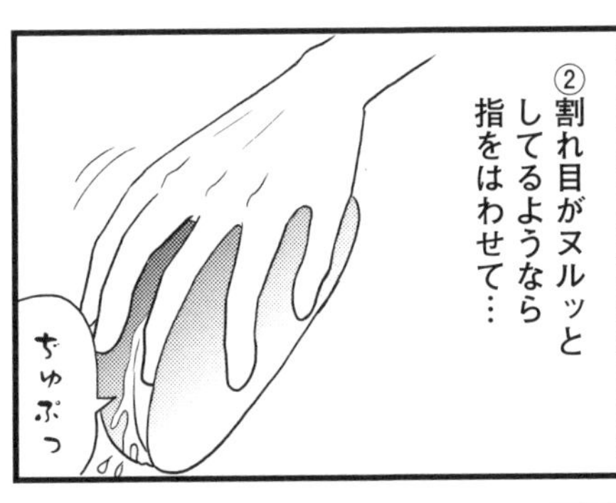
②割れ目がヌルッとしてるようなら指をはわせて…
ちゅぷっ

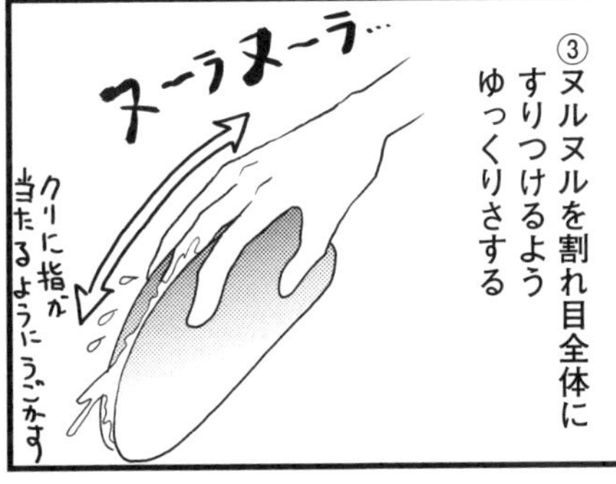
③ヌルヌルを割れ目全体にすりつけるようゆっくりさする
ヌーラヌーラ…
クリに指が当たるようにうごかす

クリでイカせる②

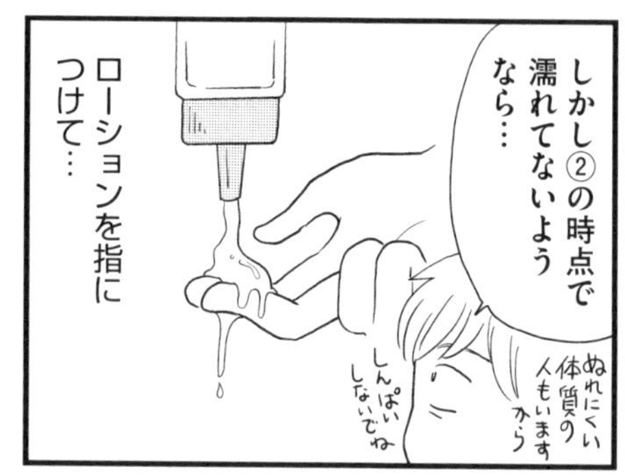
しかし②の時点で濡れてないようなら…
ローションを指につけて…
ぬれにくい体質の人もいますから
しんぱいしないでね

③の"ヌルさす"運動!!
ほどほどゆっくりね
ヌールヌール
さすりさすり…

たっぷり濡らしてからナメるんですね
そう…クンニ前の下準備

クリの血流をよくしてパンパンにふくらませておくと
クンニだけでも深～くイケるのです
んんふぅ～～～ッ
ぽってり…

クリでイカせる③

ローションはすぐ冷えるので…
冬場は気温や
ゴオォォォ
ピ
ヒュー
ヒンヤリ…

皮フ温度にも気をつけながら
あ…ひんやりしてる…
いかん!!
ぴた
攻めてあげる必要があります

だから必要なもののセットに毛布が入ってるんですね
ローションがついても洗えるものがいいね

では肝心のナメテク紹介へ
バン!!
出版可能な範囲の絵面でお願いしますね
担当M田

ナメる手順①

ナメる手順は…
れ
ろんっ
①愛液を舌につけてクリまですくいナメし

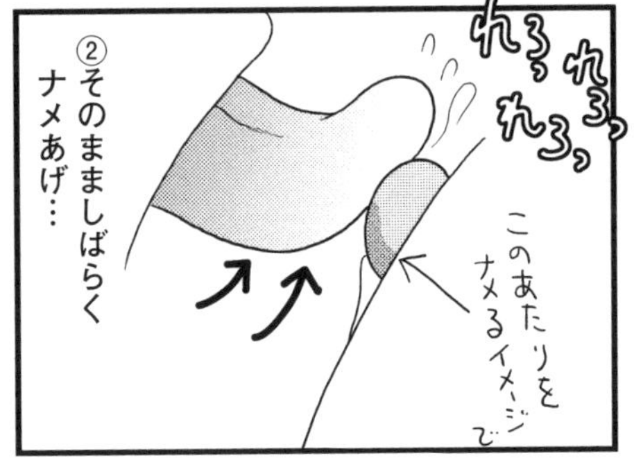
れろっ れろっ れろっ
②そのまましばらくナメあげ…
このあたりをナメるイメージで

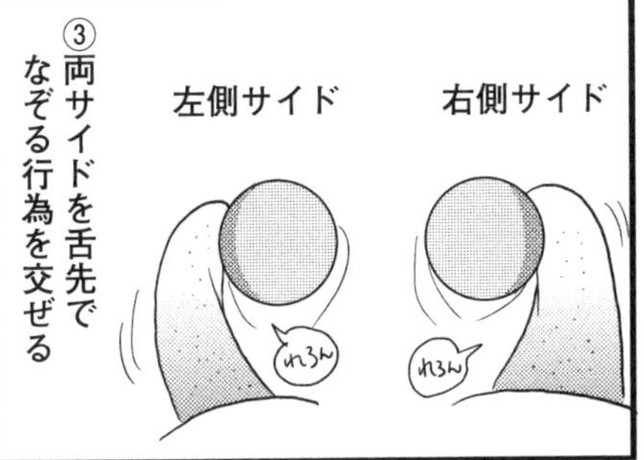
③両サイドを舌先でなぞる行為を交ぜる
右側サイド
左側サイド
れろん
れろん

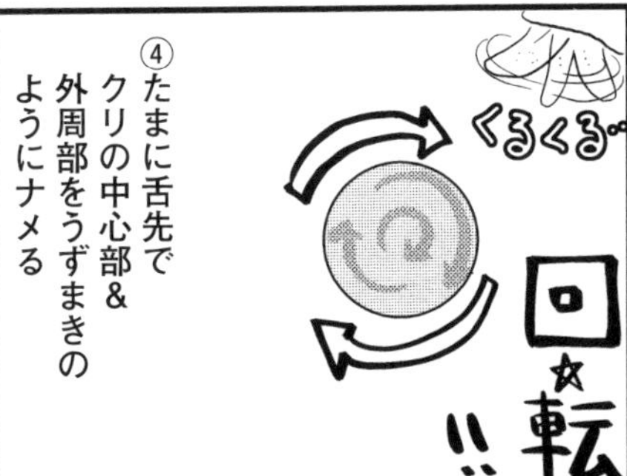
④たまに舌先でクリの中心部&外周部をうずまきのようにナメる
くるくる…
回☆転!!

ナメる手順②

とりあえずこれを順に行ってですね
はい

①〜④のどこかの点がイキやすいツボなので
ハッ
ハッ
アッ
んうっ
相手の様子を見て…

高ぶってきてる!!
と思ったらその点に集中しイッキにイカせる
③の左だ!!

唾液が足りなくなるとヒリつきやすいので…
ローションでおぎなってナメます
自分は舌に直接のせる派です

温度とエッチ①

乾かさない
と
冷やさない
NO DRY
NO COLD

とにかく
これを守って
いれば…
何倍もイキやすく
なると思う

乾燥…冷え…
ハッ
ってことは

冬は…
要注意
なんですね⁉
真冬は
クリに
厳しい季節…
むきだしだと
しぼむ…
※ちなみに亀頭もしぼんでシワつきます

温度とエッチ②

暑すぎるのも
暑すぎるので
クリが萎えやすく
なっちゃうから…

人間の体って
いうのは体力が
余っている時に
生殖行為をしたく
なるようできてるの
かもしれない…
POKA
POKA…

毛布かぶって
シューー…
ゴー
ストーブつけて
加湿もして

鍛錬します!!
真冬の
クンニレッスン
えらい!!
すばらしい!!
パチパチパチパチ

向上心①

ホントにいい
カップルだと
思うよ!!
キミたち!!
え…

〝イケない〟
ってことをいえず
乾いて
痛い
イィよ～
あ～ん
下手
クソ…
気持ちいい演技を
してるカップルも多いのに

改良するため
相談しようと
アクションするのは
スゴい
ことだよ!
いや～…

自分もイキ
たいので…
彼女にも
クンニ覚えて
もらえたらなあ
と思いまして…♡
そうか…
FtMだけど
この人は「クンニ」
でOKなのか…
てれ
てれ

向上心②

自分たちは
挿入できる
わけじゃないので

そのぶん
オーラル力(りょく)
を高めたいんです…!!
オーラル
りょく…!!
れろんれろん

【オーラルセックス
(口腔性交)とは】
性器同士の
接触をせずに
クチを使って
性器を刺激する
性行為
性別
とわず
できる

オーラル力…
挿入可の
カップルでも
必要な
テクだよなあ…
考えてみれば
そうですよ
ね…!

11.
エッチに
あきてしまったら…
もしマスクが必要な状態が何年も続いたら…
君と…マスクをはずした関係になりたい
ドキッ♡
ソーシャルディスタンス
それってプロポーズ…!?
マンガの登場人物もマスクをする世界になるのだろうか?
昔のマンガってクチ丸出しで学校にいるよな
なんでだろうね
?
近未来
2020年までのマンガ
10年後の子供たちはこんなふうに…
うぅっ怖いなぁ

おこもりしてると…①

今回の相談は
レズビアンの
方から
彼女と
同せい中
です！
〈Nさん・22歳〉

自宅勤務で
ふたりとも家に
いるようになったら…

はー
ひと休み
ベッドで
横になる？

外に出ない分
体力が余って
るのかつい…
悩むこと
ゼロじゃない
か⁉
お幸せに
あっふぁ～ん

おこもりしてると…②

いえ それが…
突然ヤル
回数が増えた
反動で——
1
2
3
4
5
6
7
8
9

あ…なんか
これすんの
あきたかも…

って空気が
ここんところ
流れはじめ
て——
気にしすぎ
じゃない？
いや
わかるん
です‼

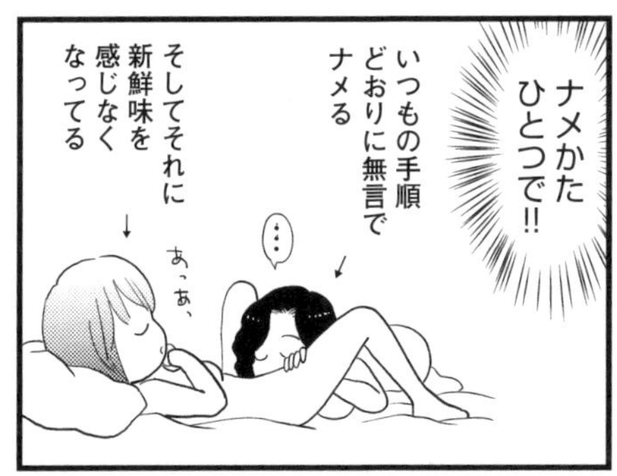
ナメかた
ひとつで‼
いつもの手順
どおりに無言で
ナメる
…
そしてそれに
新鮮味を
感じなく
なってる
あっあ、

ヤルブーム!?①

ここ1週間はそれすらなくエッチも愛撫もなく暮らしてます…
おやすみー

このまま何もしなくなっちゃうのかと思うと…
不安…!!
ハラ
ハラ…

在宅勤務に入ってからならたかだか1カ月かそこらだよね？
その間にたくさんヤッたとしても…

単なる〝マイブーム〟みたいなモンだから
ブームが去ったと思って…
えーっなんか寂しい!!
そのうち元の回数にもどる!!

ヤルブーム!?②

カップルには

ヤリまくり期

というものが発生することがあります

会うたびにヤッちゃう会わなくてもヤリたい
ヤルのが楽しくて仕方ない――

そういう時期
わかる…
それが到来したのかも…

ある程度ヤルと落ちついて
期間終了
となることがほとんどです
えーっやっぱ寂しいヤダ
ぶんぶん

第２次…①

じゃあ…
このまま
一生…
あの頃は
よくエッチした
っけねェ～
若かった…

いや…
そうとも
限らんぞ！
うる、

というモノ
だってある!!
第２次
ヤリまくり期
II

別れそうになったり…
相手の新しい何かを
発見したり…
そんな時に
突然ヤリ期が
到来するのだ！
New

第２次…②

別れそうに…
ってのはヤダ
新しい何かを
発見ってのが
気になるかも
どんなの？

たとえば…
職業がかわるとか
なんか
カッコいい…

DON DAN BAN
趣味がかわるとか
こんな面
あったんだ…！
新鮮～

趣味がバレるとか
あ…実は
昔から興味
あって
こんな面
あったんだ
…!!
高校生男子の
ようなバレかた
SM
SM

新たな性感①

あと…
「新たな性感
発見」
てのもあるな
くいつき
性感!?

アナルとか…
必ずツメを切ってコンドームをつけて挿入しましょう!!
ローションも忘れずに!

くすぐりや羞恥プレイ
とるよ～
やーん

受け攻め交換してみるとか
♪
あ それはたまにしてます

新たな性感②

もし今までしてないなら
ペニバン使ってみるとか!!
Penis Band

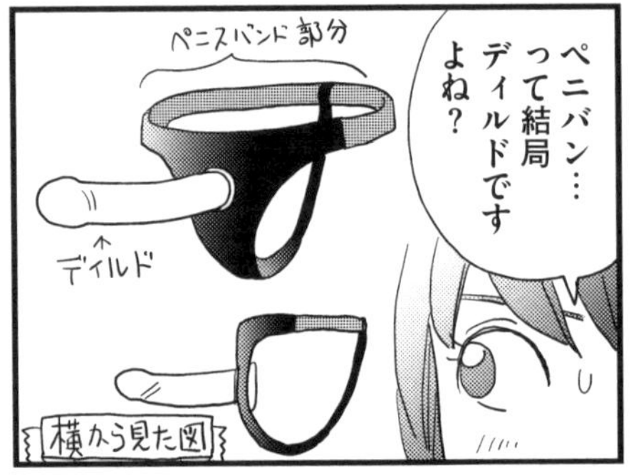
ペニバン…って結局ディルドですよね?
ペニスバンド部分
ディルド
横から見た図

ちょっと使ってみたことあるんですけど
男のモノだと感じないんですよね…私

指が発達したようなものもあるぞ
ちんこの形状じゃなくても問題ナシ それがペニバン

きっと大丈夫①

痛くないかな～
怖いな～
大丈夫！

使うのは大好きな彼女なんだから…
君がつらくなるようにはしないよ

そうですよね…
彼女を信じて…
そう！それにディルドは神経通ってないんだから

"痛いのにとまんなくなっちゃう"ことはないから安心
パパァン パァン
ハッハッハッ
あ…出…出る…
も少し速めてみようかな
指のごとく腰を動かす
ハイッ

きっと大丈夫②

それに交換して攻めるのなら…君が入れる側にもなるかもだし…

今回は私が…

いいよー

…

そうですよね…
お互い工夫してヤッてみます！
うむ!!

1週間後
ペニバン…
ヤッてみましたが

彼女がハマりすぎちゃって
男と浮気されたらどうしよう!?
ぴえーん
膣が目覚めちゃったか…!!
バイブも買っちゃお…♡

男性よりも…①

私にはちんこがないから…
挿入してあげられない!!
Nothing

ああっ こんなことなら…
ペニバン使わなきゃよかった…!!

浮気される
浮気される
浮気される
浮気される〜
ん〜…でも彼女はガチのレズビアンなんだよね…?

それなら浮気するんだとしたら男性じゃなくて…
ディルド使いがうまい女性(ひと)
なのでは?
ハッ…
デ…ディルド使い
パワーワード

男性よりも…②

男性じゃなくて
テクニシャンの女性…?

うん
真性
ビアン
だって彼女は女性に性欲を感じるんでしょ?

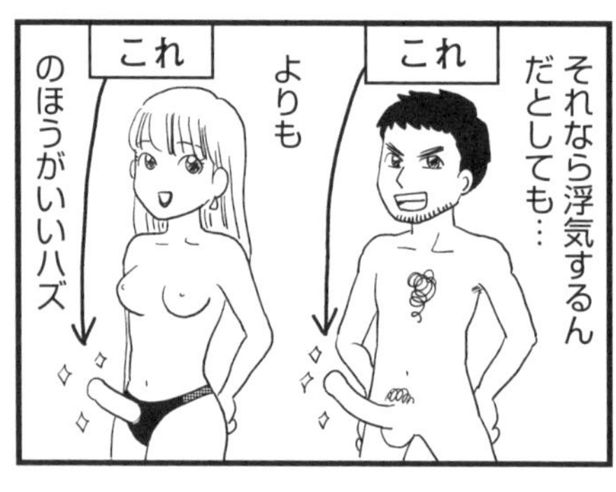
それなら浮気するんだとしても…
これ
よりも
これ
のほうがいいハズ

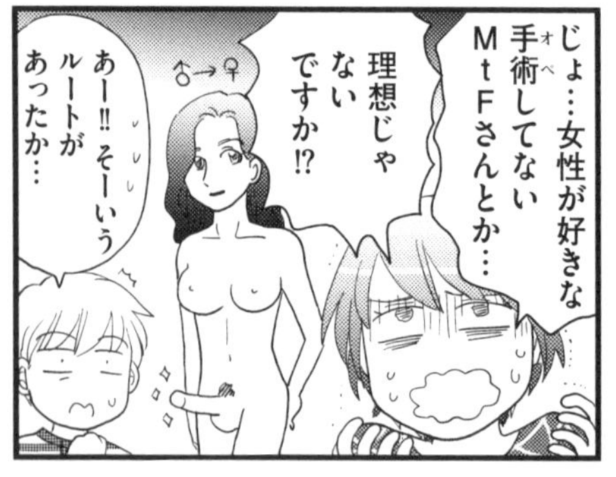
じょ…女性が好きな手術(オペ)してないMtFさんとか…
理想じゃないですか!?
♂→♀
あー!! そーいうルートがあったか…

ピストン！①

ちんこがあるって
だけで浮気するほど
リスキーな
性格なの？
彼女さん
は…

い…
いいえ…！
違うと思い
…たい

なら心配する
よりも…
ポポポポーン
テクニックを
磨くがよろし

インナーマッスルを
鍛えて…
ピストン!!
ピストン!!
うわけっこう
腹筋使う…
カクカク
カク
カク

ピストン！②

挿れて…抜いて…
浅く…深く…
トレーニング中

時には はじめての
ようにやさしく
スム〜〜〜ス…

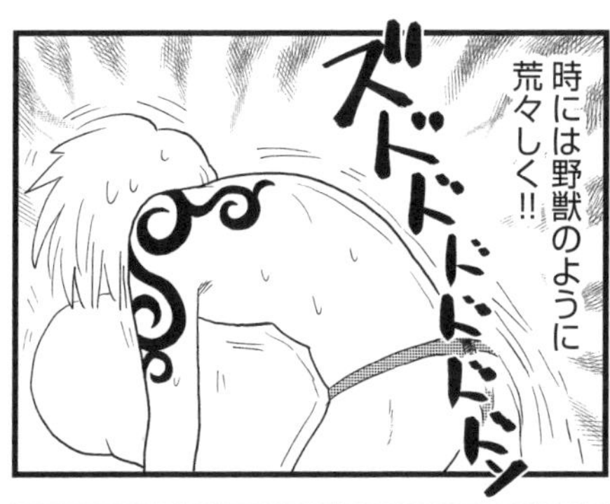
時には野獣のように
荒々しく!!
ズドドドドドドドドッ

…なーんて
調節するのも
案外
すっごい腹筋
使うんだよね…
受け側だと
気づかなかった
運動量…
ハヒ ハヒ
何やってんですか?!

ペニバン・テクニシャン①

そうか…わかりました!!
筋トレで鍛錬して私——

ペニバン・テクニシャンになります!!

体でトリコにしてみせる…!!
よっ!ディルド上手!!
その意気だ!!
カクカクカクカク

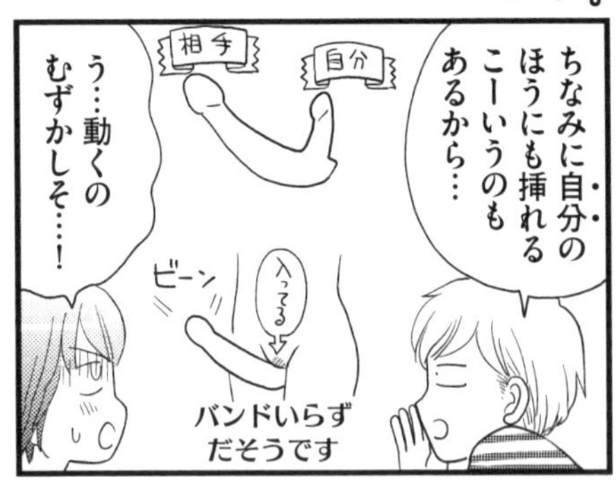
ちなみに自分のほうにも挿れるこーいうのもあるから…
相手
自分
う…動くのむずかしそ…!
ビーン
入ってる
バンドいらずだそうです

ペニパン・テクニシャン②

Nさん…彼女とのエッチのマンネリ化が悩みだったようだけど

とりまソレは解消できたみたいで
よかった…
ボボボボボボボ。
カクカクカクカクカクー!

☆後日談☆
先生!! 私もペニバンエッチハマりました♡
お——

ふたりで同じ気持ちになるの…いいですね♡
アレ使ったか……
?
つぎは双頭ディルドに挑戦してみるそうです
こうやって
つながる…

12.
彼氏の
避妊スキルを
上げたい
Safe
ステイホームの期間
やることがないからか(?)
中高生の妊娠が
増えたという…
一緒にゲームしたり
ものをつくったりして
お互いの価値観を
探ってみたり…
ハメることより
先にやること
あるだろ!!
そうで
すよ!!
挿入するより
愛撫の鍛錬が
先だろうがァ!!
うねり
うねり
そっち!?

生（なま）の理由は①

今回の相談は女性のかたから
〝彼氏について〟
ねえ
そこでいう彼氏は戸籍が男の彼氏？女の彼氏？

彼の避妊スキルが低くて困ってます
〈Uさん・20歳〉

〝男の彼氏〟でしたね
ボソボソ
まだ子供をつくりたくはないのに…

「コンドームつけたがらない男子」
なの？
ズバリ
ううう
そうなんです!!

生の理由は②

彼氏（21歳）
妊娠してもいいやとか
粗末に扱ってくる感じではないんです

むしろかなり気を使ってくれて
痛くない？
だいじょぶ？
むしろ
ちょっと神経質なくらいです…

なのになぜ…
生でヤりたがるのか
それは…

コンドームつけるとイケなくて
泣いちゃうから…!!
ポロポロ
なんだそりゃ!!

イケない彼氏①

ゴメンね
なんか…
3時間
ヤッてるのに…
うん

イケないなんて
…俺…情け
ないよね…
ポロポロ

Uに申しわけ
ない……
しく
しく…
嫌わ
ないで…
嫌わ
ないよー!!

という出来事が
あったのです
罪悪感ゆえの
生セックス!?
そんなん
あるのか

イケない彼氏②

彼が生挿入
したがると
いうより…
私が許可
しちゃってる
感じですね

かわいそうに
なっちゃって…
はずして
いいよ
え…
でも
それなら
イケるん
でしょ?

膣外射精で
なんとかヤレてますが…
ピチャッ

こんなこと続けて
たらそのうち
妊娠しちゃい
そうで怖い…
うーん
コンドームに慣れて
もらうしかないねぇ…
甘やかして
しまった
か…

イッてた？①

私はイケないことは本当に気にならないんです
うっ
うっ…
いいのよ気にしないで…

でも…Uもまだイッてないし…
私イカなくても平気だよ！

イッてる時も演技だったし

…って言葉は心の中にしまっておいてますが
カップルでよくあることベスト5に入るだろうなー
まぁあるあるですね（笑）

イッてた？②

ただね
それが裏目に出てるのかも…

彼は生ならイケるんだよね？
最終的に
はい
んで

その時も彼にあわせてイッたふりしてるんでしょ？
ハァハァ…
イクよっ
あ、私も
はい…

そのせいで彼が
イクのが当然
今回もイカせられた♡
と思ってるたぶん!!

対処策①

だから彼は自分がイカないことよりも
君をイカせられないことに傷ついてんだよ

エーーーッ
い…

一度もイッてないのに…!
事実はね

でも彼は
自分がイク時彼女もイク
って信じちゃってるから…
まずい

対処策②

どうすればいいですか
そうだねまずは…

彼がイカなくても
勝手にイッちゃえ!!
(演技でも)

あーーっあっあっくる
だめ…イッイッちゃうーッ
イクッ

そうやってキミのほうから第1ラウンド終了を告げるのだ!
カンカンカンカーン
ワーワー

あきらめ…きれない！①

第1ラウンドー
勝者U〜〜〜!!
ワー
ワー
ワー

そうすると彼はとり残された気持ちにはなるが
まだたってる

コンドームなしならイケるんだけど
Uちゃんはもうイッちゃったみたいだから…

無理やり挿れるなんてできないし…
そこではじめて
あきらめる
という選択肢が出てくるわけですね
閉店

あきらめ…きれない！②

EDぎみのシニア世代だとそのまま萎えて
ぶっちゃけ疲れたし
まあいいか…
本日終了となることもありますが

若い世代だとモヤモヤとし
自分でするのもなんだか…という気持ちになると思う

あきらめきれない…!!
ぴえん
イキたい？
むくり

その時こそ「ゴムつけ射精トレーニング」のチャンスだ!!
射精トレーニング…!?

射トレ①

ゴムつき射精トレーニング
をしましょう♡
キュッ

略して射トレ!!
シャ…シャトレ～
高級感のあるひびき

射トレとは彼がムラムラしてる状態の時にするのがベスト
ムラ‥ムラ‥

限界まで高めて追いつめるべし!!
イキたい…?
コクコクコク

射トレ②

ローターや
電マで…

じゃあ私がイクとこ見てて…♡
え…
Uちゃんはイッたんじゃないの?

まだエッチな気分だから…♡

見ながらシゴいて～♡
あっあっ…
淫乱すぎやしませんかね…
演出演出!

射トレ③

そうなると
おそらく…
ダメだ!!
挿れたいよ～
シュコ
シュコ
シュコ

ってなると
思いますが
そこで
コンドーム
つけて
オナったら
挿れさせて
あげる♡

あっあっ
いい～
見て～
ハア
ハア
シュシュ
キュポ
キュポ

コンドームまめちしき
そのまま手でこすると
痛がる人もいるので
トローン
ローション併用を
オススメします

射トレ④

挿れたい…
キュポキュポ
出そう?

出そう
シュコ
シュコ
シュコ
くちゃ
くちゃ
アソコに
こすり
つけて…♡

ああ…
出ちゃう!!
はい♡
挿れて!!
シュシュシュ
パカッ

ううっ
ドピュ
大成功
こーやって
ゴムの中に出す
訓練をするのです

イキたいパワー①

これが射トレ…‼
21歳
彼氏…21歳なら"イキたいパワー"が強いだろうから…

何度もやってくうちに…
ああっ出た…
ドピュ
クセづいていけるんじゃないかなあ

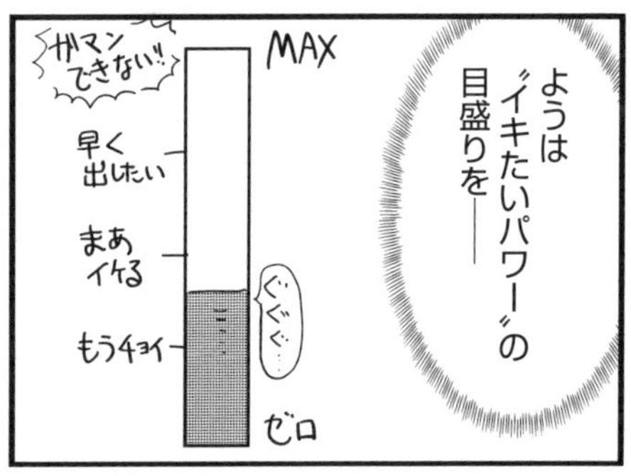

ようは"イキたいパワー"の目盛りを――
MAX
ガマンできない‼
早く出したい
まあイケる
もうチョイ
ゼロ
ぐぐぐ…

MAXに近くさせると
MAX
ぐぐぐぐぐっ
慣れないイキかたでもイキやすくなるってわけですね♡

イキたいパワー②

"イキたいパワー"…ですね‼
ごくり…
できるかナー

男性のほうが強いって聞くけど…
先生の場合もそうなんですか？

うん‼
射精はしないけど…
若い頃はイキそびれちゃったりすると…

そうだこのコンニャクにでもこすりつけて…‼
ムラムラ
無理やりでもいいからイコうとしたもんでした(笑)
どーにでもなれーっ

13. 大人世代のセックスレス

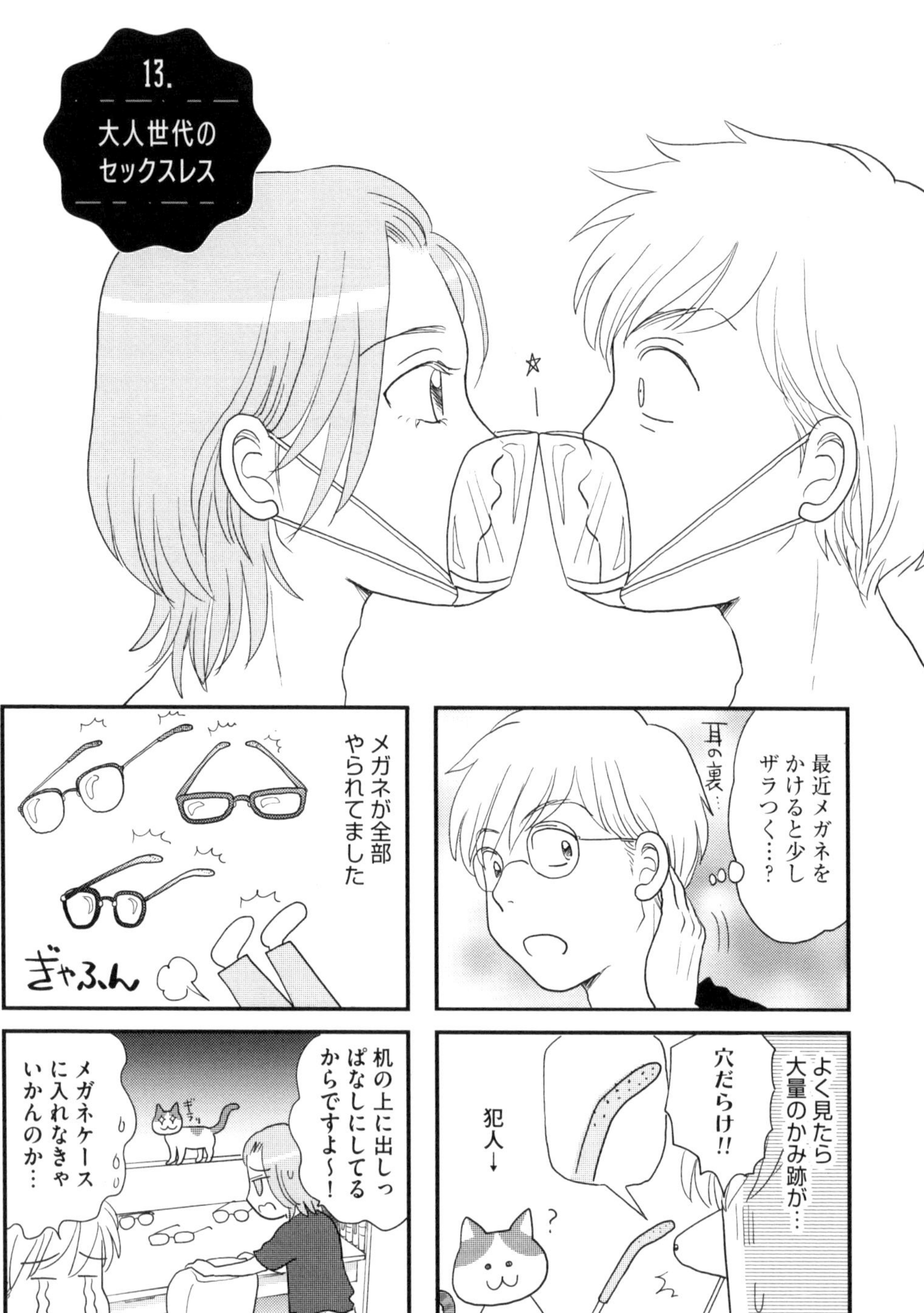

最近メガネをかけると少しザラつく…？
耳の裏…
メガネが全部やられてました
ぎゃふん
よく見たら大量のかみ跡が…
穴だらけ!!
犯人↓
？
机の上に出しっぱなしにしてるからですよ〜！
メガネケースに入れなきゃいかんのか…

レス①

先生はカップルに向けて――
〈Yさん・42歳〉

ふたりのエッチが深まるためのいろいろなテク
をマンガにされてますが…

夫はアラフィフで年齢のせいか実践する気力が出ずかといって愛情がさめたわけではないですが

セックスレスってこと？
…そうです

レス②

ふたりとも大人世代だし…
無理にヤラなくてもいいのでは…？

ヤです!!

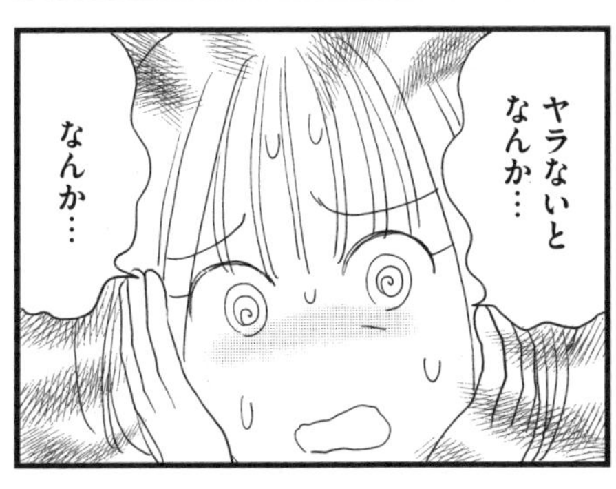
ヤラないとなんか…
なんか…

降りた気がしちゃって…!!
なんの台に乗ってるんだ!?
ストン

欧米と日本①

欧米だと60代になってもSEXする人が多いっていうし

日本人はヤラなすぎると思う…
それ!!

欧米の人と比べる必要はないと思うなぁ
エッチに関しては…

ホルモン数値や食事・習慣も
違うわけだし〜〜
エ〜ッ
日本人より男性ホルモン値が多いそうです

欧米と日本②

日本人には日本人のSEXの形がある
ってことですね…?

うん…だからトシとともに
おやすみ
おやすみ
ヤラなくなっていく人が多いのも

日本人らしさ
…だと俺は考えてマス

枯れを楽しむ心
これぞ和風ライフ
"わびさび"っぽいですね

ヤリたいの？①

でも…私たち
まだ枯れるには
早い気がします
もう少しはエッチを
楽しみたいし…

えっと…
彼は性欲減退
してるようだけど
ヤ～ははは
スマンね～

Yさんは
ヤリたいの？
えっ

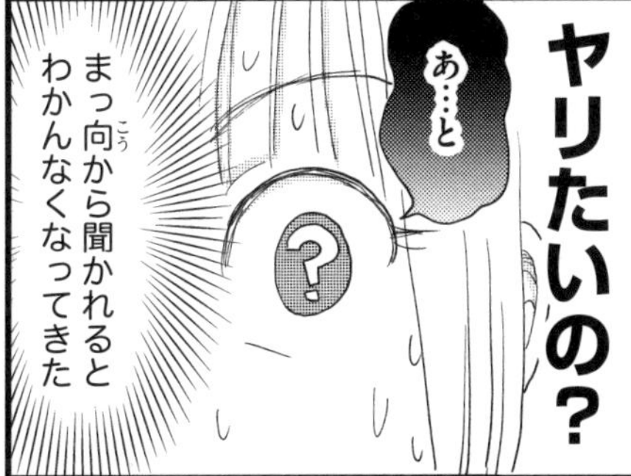
ヤリたいの？
あ…と
まっ向から聞かれると
わかんなくなってきた

ヤリたいの？②

ヤリたいのか？
本当にヤリたい
のか…？ 私…

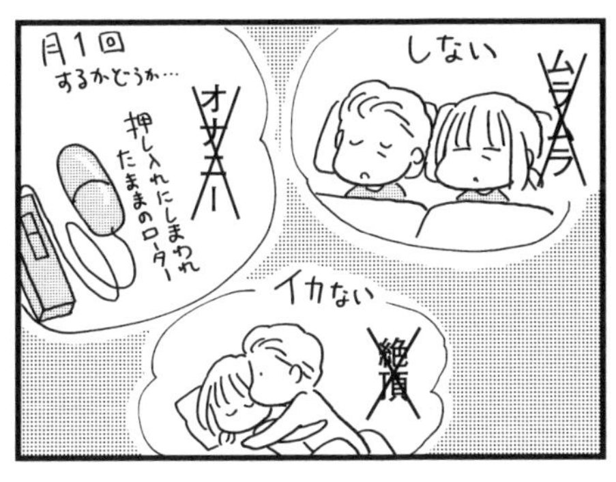
しない
月1回
するかどうか…
オナニー
押し入れにしまわれ
たままのローター
イカない
絶頂

…たいして
ヤリたくない
かもしれない
…？
ヤラなきゃ
いけないって
思いこんでた
だけかも…

性欲減退…
してんジャン☆
エヘッ☆私も
そうでしたね

イカないSEX①

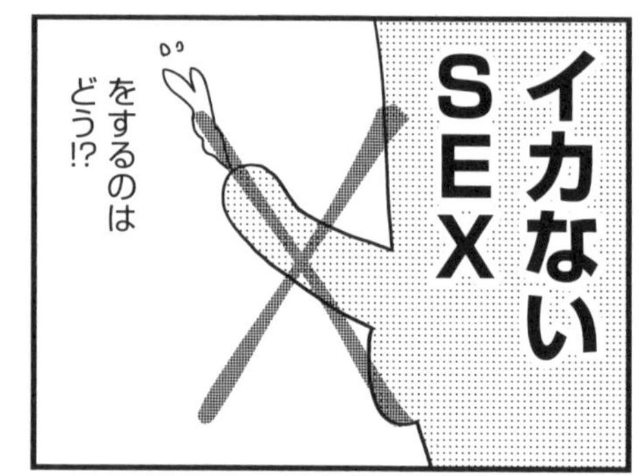
イカない
SEX
をするのは
どう!?

イカなきゃ
イカせなきゃ
と思ってる
うちは
疲れやすく…

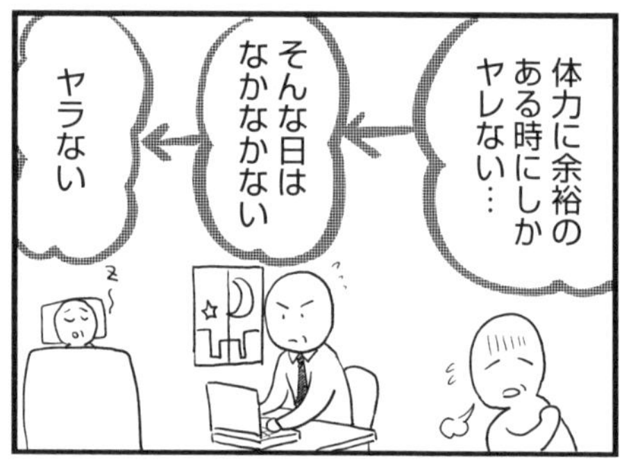
体力に余裕の
ある時にしか
ヤレない…
そんな日は
なかなかない
ヤラない

これが
愛があるのに
セックスレス
になる順路
ですね
あ〜まさに
それかも…
ヤリたくは
あるのに
できない
ってヤツ

イカないSEX②

どうヤレば
いいんですか?
スパッ
基本 挿れない

なるたけ長時間
お互い触りあって…
さすさす
さすさす
さすさす
さす

Yさんが挿れたく
なった時に
ヌプ
自分で挿れる!!

あ〜〜っ
今まで夫が
挿れたくなった時
挿れさせてた…
逆ですね!? 逆
夫にあわせる
人生だった…

ゆったりエッチ①

そのままじっと
してるもよし
WARM & CALM
スプーンを重ねたような体位が楽

こすりたくなったら
自ら動くもよし
ユサ ユサ
ヌプ… ヌプ…

えっなんか
人間バイブ
みたい…!?
言い方アレですが
バイブというより
ディルドかな?

もちろんそのまま
イキたくなったら
お互い
自由にイク!!
あ
出そう
ぴゅ

ゆったりエッチ②

最初にお互い
話しあって
イクことを
目的にしない
って共通認識を
もっておけば

どっちかがイッて
「今日はここまでで
いいかな?」って
思ったり…
体が疲れそうに
なってきたら…
腰が
いたい…

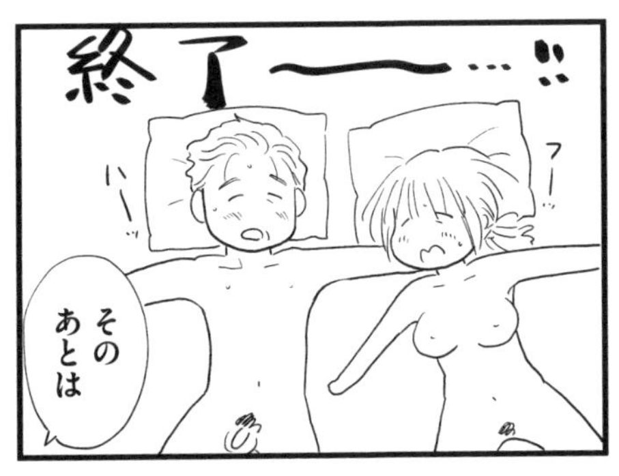
終了ーー…!!
フー…
ハー…
その
あとは

手をつないで
おしゃべりしよう!!
腕をくむでもよし
エーッそんなの
彼満足
するかなあ!?

アラフィフ①

彼が射精なしで
満足するかどうか…？
それはさ
もしかして

アラサー＆
アラフォーまでの
記憶かもよ
30
40

50
彼…
アラフィフ
でしょ…？
まあオレも
だけど

じっとしてれば
じきに
おさまる!!

アラフィフ②

もう結婚して
長い夫婦だから
わかるでしょう⁉
ごくり…

「あ　こりゃ
イカないな」
って感じ…

わかります
わかります
コク
コク
そんな時きっと
無理して動いて
たと思うけど…

もう
無理
しないで
いいと
思う!!

目的②　　目的①

目的①
YさんはこれまでなんのためにSEXしてきたの？
え…
夫を心地よくさせたいから…ですかね？
思い返してみると
自分はめったにイカないから…夫がイクと安心してた…
イクッ
ホッ
彼だって同じかもしれないよ
Yさんのために疲れててもがんばってヤッてたのかも…
ぜいー
ねてない
あう…
目的②
だからね
イッたイケないで気まずい空気になるよりも…
きまずい…
ゴメン…
イッてないけど本当に幸せそうな様子を見せたら
妻をピストンでイカせる
射精
ここの大変さを
なくてもいいんだ…
…って思えるようになっていくんじゃないかってね
若い頃は大変どころか一番オイシイ部分なんですけどね

大人SEX①

大人SEXに
たいせつなのは
多幸感!!

裸でこんな
ギューってできる
触りあえる
いちゃつける

リラックスして
ピロートーク
できる
触れてると
効果倍増

子づくりに準じる
性行為から卒業し
リラクゼーションの
ための性行為へ!!
スヤァ…

大人SEX②

どうしても挿れたい!!
どうしても
射精したく
なっちゃった…!!
ユサユサ
ヌプヌプ

…という日も
まれに訪れる
かと思いますので
休息や
食べもの
などの
スタミナ
かげんで……
ある!
ある!

ローション
潤滑剤!!
忘れずに!!
Love Lotion

性交痛にも
手コキフィニッシュにも
効果的!
ローションがないと…
イテテ…
時間かかる…
最近だと
ドラッグストア
でも置いて
ありますよね

ふたりのこと編

The Secret Story
at Midnight
by "seibetsu ga nai!"hito

14.
銭湯に
チャレンジ!
風呂&トイレが昭和すぎたので
壁周りは(ゴマかす程度には)自分でできるけど
ドドド
ドド
業者にリフォームを頼もうかと…
※DIYはしないんですか?
バスタブや壁・床を交換するまでは…
ネットで見ると壁を割って作り直すレベルのDIYしてる人いるけど…
それって"プロ経験"がある人なんじゃないですか〜!?

※業者(プロ)じゃない人が修繕・装飾をすること

えっ！公共浴場!?①

工事中の
1週間は
入浴でき
ませんので…

公共のお風呂に
いってもらう
必要が——
うわ～

銭湯かぁ
～～～…

入れ墨怒られ
ないかなぁ…
性別に
関しての心配は
ないんですか
担

えっ！公共浴場!?②

股間なんて
ものはだな

これで
いいんだよ
……
ちょ
——ん

湯船に入る
瞬間とかは…
タオル
入れられ
ないから…
おお
その時は

こういう
ふうに…
クルッ
スッ
そんだけで
いいのか…？

若い頃①

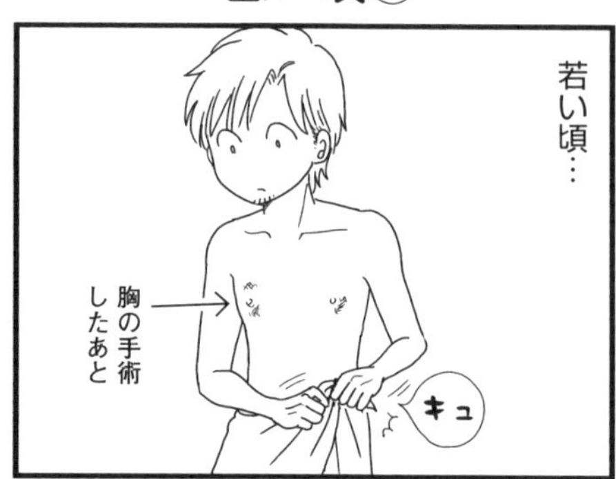
若い頃…
胸の手術したあと
キュ

演劇仲間と温泉などにいくと

ちょっと恥ずかしがるヤツもいれば
半分女性だっけ…
じー

まったく気にしないヤツもいた
人それぞれ…

若い頃②

すぐにみんな慣れるんだけど

熱…

ご開帳すると迷惑だろうから
ふ
クパァーーッ

よけいなモノを見せないように心がけている
あち〜っのぼせそ
熱いな〜

どこにしよう?①

銭湯やスパだと…

股間うんぬんの前に…
入れ墨のせいで追い出されそうで
しょぼ…
落ちつかないね

家族風呂の貸し切り温泉も近くにないし…

いっそ旅行を…ってわけにはいかないもんね(笑)
ざわ…
いないっ!!
何せ工事の人たちが毎日くるから

どこにしよう?②

ひとりなら注意されてもかまわないが
シカト〜
困るんですけど

………

ただでさえ
(男湯で)目立つのに…!!

その上モメたらもう目をひくことだらけで——リラックスとはほど遠い…
ケンカ腰
ギャーギャー
うるわしい
入れ墨
ひみつの股間
どういう→
な組み合わせ
関係?

公共施設①

！
近くに市のスポーツジムがあるな…
大浴場もついてるぞ

公共施設というのは入れ墨に対して
①とてもやわらかい
誰であろうと市民ですから

か
②とてもおカタい
BA TSU !
のどちらかなので——

落ちつかないのはイヤ…
目立つのも苦手…
よし！こう君が仕事で出てる間に潜入だ!!

公共施設②

北名古屋市（きたなごやし）健康ドーム
最上階が大浴場…

客は案の定お年寄りが多め…
男性→
←女性
受付

ビクッ
おうっ!?
男
タトゥー・いれずみのある方は入場をお断りします。

中にもさらに…!?
浴場入口
おじいちゃんたちは気にしない→
これヤベーかも…

ゆれる思い①

う～ん…
なるべく壁ぞいに肩を向けて隠してる
わしゃわしゃ

平日の昼だからすいてるけど…
おっと おじーちゃんと いえども ここは 隠さねば…
サッ

夜や土日はスポーツ施設を利用する男たちで
混むかも――

う～ん…
ユラ ユラ…
もめごとは避けたい
しかられるけど見たい

ゆれる思い②

せっかくだから露天風呂入って帰ろう
うひゃあ 寒い……!!

ああ…
でも ちょっと無理して 星空を見ながら こう君と入りたい…

真冬に露天⁉ 寒いから内湯がいい…

結局スポーツジムのシャワーで1週間すごしました
素っ気ないけど まあ…
一番気楽だからいっか
シャー

15.
こう君を
徹底解剖!
元アシスタント
現パートナーの
こう君は
実は俺なんかより
何倍も…
かわり種
ダネ
なんです…!!
・ツッコミ役
・ぶりっこキャラ
・まじめで清純
という印象を
もたれやすい
ですが…
かわってる…と
いう言葉で
あってるのか
わからない点も
ありますが…
ご紹介
します
PEKO
。変わりダネ
。うナギ

熱いのが好き①

顔はキラキラ耽美系なんですが――

ちらっ

相撲マンガ…
ボクシングマンガも好きですよ

熱いのが好き②

ケンカ&野球マンガや野球マンガとか…
ケンカ野球と野球はべつなんだな
作家買い??

すごい金額になっちゃったけどハマるともうとまらなくて全巻買いを…
10000
10000
作者さんは喜ぶと思うそれ

基本的にスポーツ作品好きだよね
熱い男の戦い系
はい

じゃあ自分がスポーツしたり見たりするのかというと――
e※スポーツのみです!
キッパリ

※エレクトロニック・スポーツ(コンピューターゲームを使って対戦する競技)

マンガとこう君①

スポーツマンガに萌えは感じるの？
まあ…そうですね

戦う男性キャラによこしまな気持ちを感じてるとか…
………

やだなァ感じてなんかいないですヨ
感じてるその目は!!
よこしま
よこしま

1句できた
萌えのない燃えるところに萌えが有り
萌えドコロありありですょ

マンガとこう君②

一見少女マンガかBLしか読んでなさそうなんだけどなあ

少女マンガも雑誌ごと爆買いしてます
よく見てください

ぶ・・・
『ぶ～け』1985年の号!?

なつかし～
しばしの間男(?)ふたりで乙女サロンと化したのであった…
昭和の少女マンガ集めてるんです♡

年代リバイバル①

1970~80's
こう君基本的に70~80年代の文化が好きだよね

ロボットアニメや名作劇場だけじゃなく…

カンフー映画や芸能人も好きだもんね
はい

推しは真田広之と
柴田恭兵
舘ひろし
です!!
ここセットなんだね

年代リバイバル②

1990~99
あ…でも最近は90年代が自分の中でキテるんです

リバイバルしてるしね
そういやあの相撲マンガも90年代…
髪も伸ばして外見も90年代にしようかな~
グランジ風に…

2000~
さらに10年たった時2000年代がリバイバルしたらどーする…?
当時の格好…できる…?

Men's Egg
ワ~それは度胸いりますね…!
40代になってるわけだし…
俺なんて還暦間際だぜ…
自信がない

うずうず①

こう君は基本
そわそわした性格で
うず
うず…

気になるものが
あると外でも
ドドドドドド

家の中でもスバヤク
駆けよるクセがある
ミャカミャカミャク
年齢のわりに
落ちつきがない…

でもま
「永遠の
18歳」と
いうことで…
18歳なら
するのか…!?
担当M田

うずうず②

おとなしく集中
してる時もあれば…
サラサラ

騒がしく集中
する時もある
ドドドドドドドドド
ガタ
ガタ

貧乏ゆすりの
クセあるよね
すみません
気になりますよね

いや…大丈夫
ただし
作画机は
離して
おくかな…
ドドドドド
ドドドドドド
そ〜…

メンタルクリニック①

ドドドドドドドド
そういえばこう君

俺不眠症の治療始めてるじゃん
はい
メンタルクリニック
お薬

こう君も不眠症だから一緒に治療しない…？
といって連れていったら

ADHDですね…！
え
【ADHD】
（注意欠陥・多動性障害）
多動性や不注意を特徴とする行動障害
診断けっか

メンタルクリニック②

子供の頃からこんな感じだったから

障害って思ったことなかったけど…

こうさぎ

いわれてみれば落ちつきがないのはそれのせいだったのかも…
どんな子供だった？

黒板が見えにくいのがガマンできず双眼鏡で見たり…
かわった子!!
そわそわ
こうくん…？

ゲームをやってもジッと立ってるのがガマンできなかったり
それ今もしてるよね？
ウロウロ
ピョン
ピョン
こういう子ですが自分はすべて個性だと思っております

16. ラジオ、はじめました

「ラジオトーク」というラジオ配信アプリから

番組つくってみませんか

というお誘いがきた

う〜ん 俺
自分の声苦手
だけど…
こう君と
一緒ならやれ
るかも…？
えっ

ぼくだって自分の声嫌いですよ!!

俺と違っていい声じゃんか!!

先生のほうが!!

お互い相手の声は
いいけど自分のは嫌い
だということが判明
結局
ほめあい
みたいに
なるから
照れ
くさい…
？

おためし①

ラジオのアプリをDL（ダウンロード）してためしてみよう…!!

× 収録
ここを押せば録音されるんだね
収録開始
えっ もうやるんですか!?
さしいれ
祥
こ

自己紹介してみよう
中性マンガ家の新井祥です
び…BLマンガ家のうさきこうです

…ってこんなに接近する必要ありますか？
マイクがここだけだから…
ハートのディスタンスは0メートル!!

おためし②

さてと再生してみるか
あっ待って待って…

BLマンガ家のうさきこうです
ワー
再生
ワー

あーヤダ～自分の声～
しゃべり方もイヤ
なんで

ぼくは収録だけしますから 確認は先生ひとりでしてくださいね
今後ずっと
?!
そ…そこまで!?

自分の声について①

どこがイヤなの
こう君は
………

声が低い…
えっ？ そんなに低くないよ!?

もっと少年のような声がいい…高めの…
しゃべり方もハキハキさわやかに…

…でもできない…
気にすることないよ
なんか美学があるようだな

自分の声について②

俺だってたまに…
もっと低くて渋い声だと思ってました！
読
読

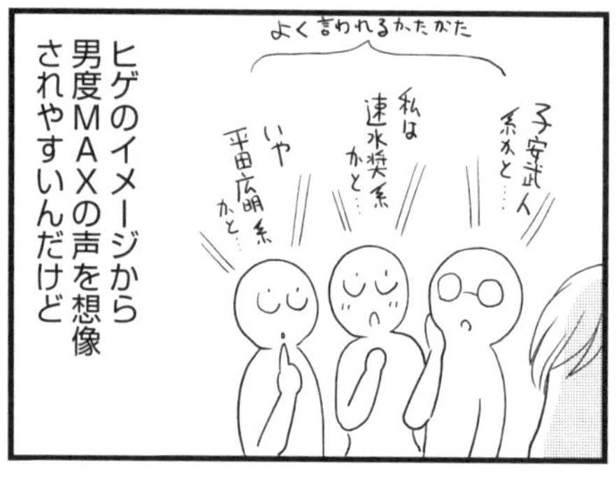
よく言われるかたがた
子安武人系かと…
私は速水奨系かと…
いや平田広明系かと…
ヒゲのイメージから男度MAXの声を想像されやすいんだけど

思い出してほしい!! 俺が…
30まで女性として暮らしてきたことを!!

あ…でも女から男にかわった人でもたまにメッチャ低音の人もいるからなあ～…
体質によるのか…？
？
こう見えて元JKですよ！
アナゴさんボイス →

新しい習慣①

俺だって
自分の声聞くのはヤダけど…
へんな汗出る

ステイホームな日常がマンネリ化しないように…
おきる
メシ
まんが
メシ
ゲーム
ねる

やってみてもいいかなって
新しい日課(ルーティン)にはなりますね

読者さんやフォロワーさんの退屈しのぎになればいいかな
という気持ちもある
たしかに！

新しい習慣②

声でみんなとつながって…

すこしでも非常時の心細さや
人恋しさを減らすことができたら——

って自分が人恋しいだけだったりして…
ウフフ

だってさあ学校もなかなか始まらないし…
せきとか出るとドキッとして心細くなるじゃん…？
ボソ
ボソ
予想のほかセンシティブ

マイクで①

ゲーム実況とかしてる人がよく使ってるタイプの
マイク…買いました!!

おーーーっ
このラケットみたいな膜…！

本物はじめて見ました!!
ゲーム実況好きなのでちょっとテンあげ
これで録音してみよう

…やっぱりくっついちゃうんですかね
どのくらいの距離感なら大丈夫かわからん…
ニャ～

マイクで②

マイク使ったほうが…
こんにちは中性マンガ家新井祥です
雑音が入ってない気がする

やっぱ違いますか
隣の家の音とか車の音を拾いにくいね

…聞いてみる?
フルフル…

Twitterで宣伝しますので聞くのだけは…
ご勘弁を…
ニャ～
てなわけでこう君はまだ一度もラジオを聞いてません

YouTubeで流行りのやつ①

10:00 起床
ステイホーム中のモーニングルーティン

SNSを見たり柔軟したり
ん〜
天気いいよ

11:00 朝食
用意できたよ〜
低血圧

11:30 身じたくを整えて仕事場(1階)へ
ジ〜
パシャパシャ
ゴウン ゴウン

YouTubeで流行りのやつ②

10:00〜12:00の間 順番に入浴
ナイトルーティン
半身浴でYouTube見る

こう君入浴中にトレーニング
パン パン
ハンズクラップ!
HAND CLAP
ミシ ミシ
ドン ドン
…?

1:00 オンラインゲーム
カルン埋没寺院いこう
↑FF14のダンジョン
スリーピングティー

2:30 就寝前のマッサージ
脚もんでやろうか
いたたたたた
おやすみニャさん

17.
プロポーズをキメた日
婚姻届
夫になる人
妻になる人
6月の第1日曜日
…ってなんの日かご存じですか?
そして今日がその第1日曜…
…なので今夜!!
なんと
プロポーズの日
だそうです!
ジューンブライドだニャ
フーン
俺はッ
プロポーズを
キメてやる
ぜえええっっっ!!
どっぱぁ～ん

役所にて①

当日ビックリさせるために
前もって準備しました
北名古屋市役所

市民課
婚姻届と入籍届ください
ご結婚されるんですか？

どちらかにお子さんがいるとか？
いえ…

でしたら婚姻届だけで大丈夫ですよ
自動的に入籍されますので…
入籍届
婚姻届
OK
えっそういうもんなんですか！
どっちもいるかと思ってた

役所にて②

一度結婚したことあるのに忘れてた人
……
「芸能人の○○と××が入籍」とかよく聞くから…
入籍届もいるもんかと思ってた…

え…と籍に入られるのは◎◎◎(ゴニョゴニョ)さんのほうですか？
じー…

今…(その部分だけ)小さくゴニョゴニョいってたから
聞きとりにくかったけど—

「だんくさんのほうですか？」
っていった…!!
ダンナさんでも奥さんでもあてはまるようにとゴマかしたな…

役所で考えてた①

ヒゲがある時は
住民票…
奥さまの代理ですよね？

っていってきた役所ですが…
いえ本人です
戸籍女です自分…
ギクーッ

マスクつけてるととたんに
じーっ
じ～
男？女？
相手はどっち？

性別不明市民
マスクとるとなおさらヤヤコしくなりそうだからやめよ
ぶしょうヒゲ

役所で考えてた②

さてこれをどうやってこう君に見せるか…
提出時に必要な書類は－

毎日夕方にラジオを配信してるから…
その時にいきなり
あ でも

え
イヤです
婚姻届

とかいわれたらラジオに黒歴史の回を刻んじゃうことになるよなあ…
うーん ヤバいかなあ
ピシャー
手を消毒して下さい
消毒

いざ当日！①

…と ここまで描いておいて
ミスした点がある

婚姻届は机のひき出しにシッカリ隠してあるものの…
この中

今回の1〜3ページ目までのページを開いたまま風呂に入ってしまったこと…！
シャー

♪〜
あっ次回の作品だ〜！
読んじゃお
ってなったら元も子もないじゃん!? 俺のバカバカ!!

いざ当日！②

ラジオの配信時間まで落ちつかない俺
そわ
そわ
ニャー

そわ
そわ
チュー
心を落ちつかせるために→マックシェイク買ってきた

今やるべきか？早まってないか…？
いや 今しかない…!!

リモート通勤で職場や生徒と会う機会が減ってる今がチャンスだ!!
通常時だとたぶん気はずかしい
(想像)
ゴホン
先生ー
キャ
キャ
キャ
きのう聞いたよー

そして本番①

ふたり暮らしトーク～ッ!!
婚姻届
隠してある

今日は
「プロポーズの日」
だそうなので
プロポーズしようと
思います

え？
こう君に

これからも一生
パートナーでいて
ください!!
エーッ
（よく考えたら似たような
ことをトークショーとかでも
いってました ハイ）

そして本番②

ハハ…
もちろん
ですよ
ゴソゴソ
それだけじゃあ
ないんだ今日は…

これを!!
婚姻届
夫になる人
妻になる人
どんっ

えっ…
婚姻
しよう！

じわ…
こう君が涙ぐんで
声がつまってしまい
その後の収録は
俺がしゃべりまくりました

ずっとキミと生きていく①

ホント…？
ホント!!

今日は元気でもさ
明日には病にふせるかもしれない時代じゃん 今

家族じゃないと病院のつきそいもできない場合があるっていうし
お友達のかたはちょっと…
ガーン

そんなのはイヤだ!!
こんなにずっと一緒に生きてきているのに！

ずっとキミと生きていく②

…ってこう君は婚姻ヤじゃない？
まさか
よかった

急にいってビックリした…？
ビックリしました

見られてはなかったようだな…
ホッ
サプライズプロポーズは大成功におわりました

18.
結婚
しちゃいました!!
住民票
新井祥
新井巧
2020年8月1日
晴天 真夏日
カーッ
結婚
しちゃいました!!
リンゴ〜ン…
俺…新井祥と
うさきこうは
…といっても
式挙げる
わけじゃないし
土曜だから
役所の宿直に
渡すだけ
だけど
ひっそり…
宿直室

役所の対応①

まっ暗だね
ドキドキ
こんな役所はじめて見た

あのー届け出…
あっはいはい
ドタドタ

奥畳なんだ
宿直室って感じー
婚姻届を出したくて…
この人で大丈夫なのかナ〜

あ じゃあ書類見せてください
はい…OKです！
変な目で見られることもなくあっさり受理
さく さく…

役所の対応②

………
どうしたんですか？

最近あっさりしてきたなー…って

え!? 性別間違ってませんか!?
書きそんじですよね!?
バッ
バッ
ひと昔前はセクマイだとわかると過剰反応されたものだけど

中にはよけいなひと言をつける年寄りすら…
まっとうな人生送れないよ？そんなんじゃ
今だったらSNSで大炎上ですねそんなジジイ

料亭へ①

このあとどうするんですか
お祝いのごはん食べよう
BROOM…

せっかくなんで結婚式っぽい所で!!
結婚式っぽい所!?
ブロロロロロロ
ARAISHO

ふっふっふ…
実は予約してるのだ…
創業約百年

北大路魯山人ゆかりの高級老舗料亭を…
どん
海原●山が出てきそう!!

料亭へ②

新井様お待ちしておりました
ワ〜なんか申しわけな〜い

お部屋にご案内いたします
全室完全個室なんだって

あー…イイ…
極楽感じる…

最近すっかりギラギラした所より落ちつく所のほうが極楽に思えるようになってしまって
わかります
風流…

祝いの席①

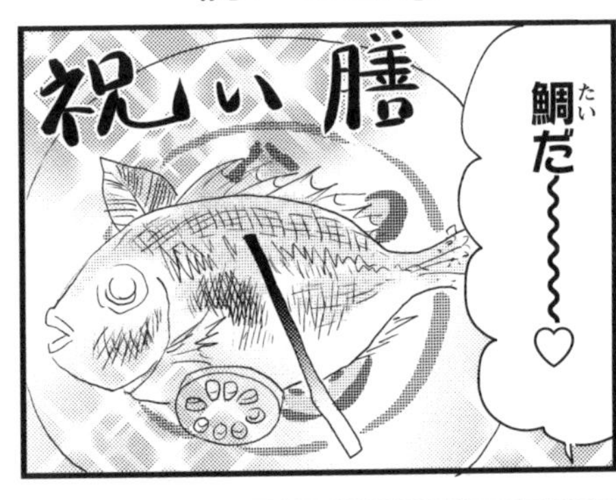
祝い膳
鯛だ〜〜〜〜♡

予約した時 女将にいっておいたんだよ
結婚したので祝いの席を…
まあ! おめでとうございます

だから店側はわれわれが――
〝男同士〟だけど〝夫婦〟だって知ってる…

でもチラとも動揺しない顔にも出さない
老舗の貫禄を感じたね

祝いの席②

ん〜〜〜〜
おいし〜〜〜〜♡

これもおいし〜♡
ニコ
ニコ

結婚生活にもコロナにも…
まだ不安はたくさんあるけど――

とりあえずおいしくメシが食えてれば
善し!!
味覚も嗅覚も今んところあるし

再び役所へ①

月曜になり役所が開いたのでいってみた
ちゃんと変更されたか確認してみよう
市役所

市民課
土日の間に婚姻届を出したんですが
宿直にあずけられたんですね

ちゃんと受理されてますよ！
リンゴーーーン

ちゃんと大安の日に出せていたーっ!!
よかったあ～
※だからわざわざ役所が休みなのに出しにいったのです

再び役所へ②

住民票
世帯主
新井祥
愛知県北名古屋市××
おお～～～
名字と本籍が変更されてる…!!

COOL
感慨深い～っとかはないの？
はい　でも

ぼくの続柄の「夫」ってのが…
ちょっとイヤ…

え？「妻」がよかったの!?
キッパリ
はい！
そうだったのか…

意外とそーいうの気にするヒト⤴

名字がかわると①

あのーせっかくいらしたんですから…

国保やマイナンバーカードの変更もされてはどうでしょうか
あ、そーいや そーいうのも…

あと印鑑登録のしなおしとか…
スススス…
あっ新しい印鑑はさすがにまだありません…!

銀行の口座も名前変更して出版社と職場にも振込先の変更を…
ふい〜〜〜〜〜っ

名字がかわると②

結婚して名字がかわるのって

日本だと女性のほうが多いと思うんですが…

どんよーん
こんな苦労してるんですね…!
お、

先生の名字になるのは憧れだったけど
手続きイヤ…しんど…
業務的なことが苦手で弱音(よわね)をはくこう君

職場で知られると恥ずかしいとか
そーいうのは…
キパ
それはありません
まだよくわからん部分が多いので これから知っていこうと思った

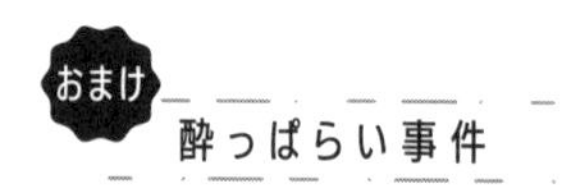
おまけ
酔っぱらい事件

酔った勢いで
こう君に路上キス
チュウウウウウ～

新井祥×うさきこう SPインタビュー

ふたりの出会いから婚姻まで

――改めて、おふたりは出会ってからどのくらいになりますか？

新井　自分が講師を務める専門学校に、こう君が入学してきたのが16年前ですね。そのあとすぐアシスタントになって、2年生になってから一緒に住むようになりました。

――こう君は、当初からずっと新井先生に恋愛感情を持っていたんですよね？

こう　そうですね。

――ずっと先生とアシスタントという関係で、苦しくはなかったですか？　一線を越えたいと思ったことは？

こう　僕はそんなに情熱的なタイプではないので、苦しくはなかったですね。つねに待ちの姿勢です（笑）。

新井　自分は、こう君が好きだと思ってくれているのは若いうちの気の迷いで、たぶんそのうち、べつの人と付き合いたくなるだろう、もしゲイの恋人ができたら、そっちにいったほうがいい、とずっと思ってきたので、ふたりの関係を恋人だとは決めつけないでいました。だから、パートナー宣言をするというのは、そういう考えを捨てるということでもありました。宣言をする少し前は、ちょっとしたケンカが多くて。自分はゲイではないので、こう君をちゃんと理解してあげられないなーと思っていたので、何かあるたびに「ゲイの人とつきあったほうがいいのでは」というようなことをいってしまい、冷たい空気になったりして……。

――こう君は新井先生からそのようにいわれて、ほかの人に……と考えたことは？

こう　なかったですね。ふたりの関係がこのままずっと平行線でも、一緒にいられるならいいかな、と思っていました。正直、婚姻はあきらめていたので、いわれた時はうれしかったですね。

――出会った頃と今で、お互いに変わったこと、変わらないことはありますか？

新井　自分の「男くさくない部分」を安心して出せるようになったことですね。おそらく出会った頃のこう君は、女性に興味がないし、そんなに好きじゃなかったと思うんです。だから自分が中性だということや、昔は女性として暮らしていたことをちょっとずつ出していって、自分は半分女性なんだということを、長い年月をかけてこう君にわからせていった感じです。女性を理解していない人とは婚姻したくなかったので。

――「男くさくない部分」というのは、たとえばどんなところですか？

新井　自分の中で、男性を演じていない部分ですね。こう君と知り合った頃は、「男100%」で見えるように、努力してがんばってい

うさきこう

新井祥のアシスタントを経て、2015年にボーイズラブコミック誌『ルチル』（幻冬舎コミックス）にて漫画家デビュー。それを機に、自身がゲイであることをカミングアウトした。また、名古屋デザイナー学院にて新井祥とともに講師も務めている。著書に『ぼくのほんとうの話』（幻冬舎コミックス）、『純情少年　僕が男とヤッた理由』（ぶんか社）がある。

たところがあるので、それを50%にできるようになったという感じです。当時（2000年代）って、今より女性が軽んじられていた時代だと思うんです。だから「中性」といっても男性よりに見せていたというか。世の中の女性への理解度に合わせて、自分自身の中性の見せ方も変えていっている感じです。

こう　アシスタントをしはじめた頃は、新井先生がすごく怒りっぽくてケンカっぱやかったから、一緒にいて恥ずかしいな、って思ってはいました。

――それは、「男100%」に見せるためでもあったんですか？

新井　そうですね。当時は不良っぽい、やんちゃな男性のほうが受け入れられやすい時代でもあったと思います。こう君もきっと、そういう男性のほうが好きなんだろうなと思っていたんですけど、こう君の単行本『ぼくのほんとうの話』の中に出てきた初恋の人がノーブルでお上品で、汚い言葉なんか一生いわなそうなタイプの人だったので、えっ、全然違うじゃん、と（笑）。こう君がそれまで、漫画のキャラでかっこいい、っていうのって、やんちゃなタイプが多かったんですよ。だからてっきり……。10年以上カン違いしたままでした。普段本当に、お互いに自分たちのことは話さないので、相手が好んでいるものから推測して、こうすると喜ぶかなーと思って行動しているところがありますね。とくに自分は性別が定まっていないので、こう君がいいと思うものをコピーして、そのようになっていけばいい、って思っています。

こう　だから、乙女ゲームはやらないようにしています。先生が意識しちゃうから。

新井　そのキャラみたいに自分がならなくちゃいけないのかな、って思っちゃうんですよね。

――こう君は最初、新井先生のことを男性だと思って好きになって、途中で中性だとわかった時に、抵抗を感じましたか？

こう　感じましたよ。でも、そんなことに抵抗を感じていいのか？　とも思いました。受け入れるのが無理なら拒絶反応が出るはずだけど、それがなかったので、受け入れようと思いました。

新井　こう君って、一緒にご飯を食べていても、スマホをずっと見ていたりするので、これは近いうちにお別れだわ、ってずっと思っていたんです。

こう　僕、放っておくと、自分の殻に閉じこもってしまうところがあって……。

新井　今ならそうだとわかるんですけど、以前は「ゲイ専用の出会い系でもやっているんだろうな。はやってるっていってたし……」って思ってしまって。だから、こう君との将来のことを考えてもムダだな、どうせあと少しの関係なのに、何を真剣に考えているんだ、って、毎年思っていました。でも、あれ、今年もこう君をパートナーとして描けている、今年も……って今に至ります（笑）。

――こう君は、新井先生がそんなふうに悩んでいるとは……。

こう　知らなかったです（笑）。

新井　こう君に「出会い系とかして遊びたいんじゃないか」って聞いたことがあるんです。そしたら「焼きもちでも焼いているのか」と怒っちゃって、俺がLINEで「今昼休みだよ」とか「何時くらいに帰るよ」と連絡をするだけでも、「束縛をされているようでうっとうしい」といわれて、よけいケンカがひどくなったことがありました。でもパートナーを公言したあたりから、こう君は本当に、遊んだりしたい気持ちはないんだということがわかったので、ちょっと考え方が変わってきましたね。

――こう君は本当に、遊びたいと思った気持ちはなかったんですか？

こう　僕は漫画家を目指しはじめたのが遅かったので、その分絵とかの練習をしないと漫画家になれないじゃないですか。同世代の子たちが遊んでいたとしても、自分はその時間を漫画を描くことや、ストーリーを考えることに使おうと思っていたので。遊ぶ時間は捨てていましたね。

——では、この場を借りてお互いに伝えたいことはありますか？

こう 育ててくれてありがとうございます。

新井 親か（笑）!?

こう 無事、漫画家になることもできましたし。

新井 そういうの、普段はまったくいわないもんね、こう君。

こう こういう場だからいいます。

新井 自分は普段から思ったことはけっこういっちゃうから、こう君に対して場を借りないといえないことはないんですけど、読者のみなさんに対して、こう君との性的な行為は、いろいろ試してがんばってはいますよ、ということをお伝えします。なかなかうまくいかないんですけどね。今後漫画でじょじょに描いていけたらいいなと思っています。

——それは読者さんみんなが気になっていることだと思います！

新井 これがジャストな方法だ、というのが見つかったら漫画に描けるんですけど、いまだ試行錯誤中で……。そうしているうちに、年もとって性欲自体もなくなってきているので、逆に、ふたりとも本当に年をとりきっちゃった時に、試行錯誤したことを漫画に描いてもいいのかなとも思ったり。性欲はもう、落ちる一方ですね。45歳くらいまでは、食べ物やお酒を飲むことで性欲を上げたり調節ができたんですけど、今はもう、精力がつくものってだいたい胃に強いから、胃も老化してきたのか、受け入れられなくなってきちゃって。これが50代のはじまりか、と最近思っています。

——最後に、おふたりがこれからしたいことはなんですか？

新井 自分はこう君とラジオトークというアプリで毎日配信しているラジオが楽しくなってきたので、ラジオ番組を持ってみたいと思っています。声だけの世界に、今すごく興味があります。『性別が、ない！』のキャラクターを生かしてVTuberもできたらやってみたいですね。

こう 僕は旅行にいきたい。

新井 それはコロナ禍の今、世界中の人が思っていることだね（笑）。あとは、年をとってもこんなことができるんだよっていう希望を、同世代の人はもちろん、これから年をとる人たちにも与えたいですね。オシャレでもセックスでもなんでも、やめちゃう人はやめちゃうので……。将来的にはなんかこう、考え方が柔らかい、おじいちゃんでもおばあちゃんでもない、ナチュラルなおばじいちゃんみたいな人になりたい。そういうジャンルを確立できたらいいですね。といいつつ、中性的なのはこう君だけでいいかなーとも思っているので、白いひげを生やしたおじいちゃんになっているかもしれません（笑）。

こう 中性的っていうの、そろそろキツイんじゃないかなーと思っているんだけど……。

新井 まだ大丈夫。今のこう君の姿を見て、男性的か中性的かといわれたら、中性的にしか見えないから。こう君がどこまでこの感じでいけるのか、楽しみに思っています。

こう 35歳って、もう漫画のキャラだとおじさん扱いですもんね……。

新井 学校でも、こう君が30歳くらいの時、生徒は「えー、見えない～」とかいっていたのに、今ではちょっと引いているくらいだからね。

こう 最近では妖怪扱いされています（笑）。

新井 それを50代、60代になっても貫いてほしいな、と思っています。こう君の若さと美ぼうをたもつために、尽力したいとも思います（笑）。

（2020年7月某日 リモートにてインタビュー）

あとがき

マンガでも描いたように
ネットラジオを毎日配信してます
ふたり暮らしトークー!!
音楽配信アプリSpotifyでも聞くことができますよ〜

まさかその中でプロポーズまでするとは…
自分でも想像してませんでした
なんでしたんですか(笑)

ん〜なんかハッ!!とひらめいて…
天啓(てんけい)?
そういうことにしときましょう

毎日同じ
ことをやってると
心の
バロメーターに
なります
RADIOTALK
元気な
時も
あれば
調子出ない
時も
あるけど
どんな時でも
ふたりで
協力しあって
乗り越えて
いける
気がする
60歳になっても
こんなふうに
してるのかな
してると
思うよ
病気とか
事故とか
なく
トシとって
いければ
それだけで
幸せです
わかる
って俺あと
10年で到達
するんだけどね…
年の差～

「性別が、ない！」人の真夜中のナイショ話

The Secret Story at Midnight by "seibetsu ga nai!" hito

2020年9月20日　初版第一刷発行

著者　新井祥（あらい しょう）
発行人　大島雄司
発行所　株式会社ぶんか社
〒102-8405　東京都千代田区一番町29-6
TEL03-3222-5125（編集部）
TEL03-3222-5115（出版営業部）
www.bunkasha.co.jp
装丁　arcoinc
印刷所　大日本印刷株式会社

©Shou Arai 2020 Printed in Japan　ISBN978-4-8211-4566-9

定価はカバーに表示してあります。
乱丁・落丁の場合は小社でお取りかえいたします。
本書の無断転載・複写・上演・放送を禁じます。
また、本書のコピー、スキャン、デジタル化等の無断複製は
著作権法上の例外を除き禁じられています。
本書を代行業者等の第三者に依頼してスキャンやデジタル化することは、
たとえ個人や家庭内での利用であっても、著作権法上認められておりません。

初出一覧
『本当にあった笑える話』
2017年3月号　2020年4、7、8、10月号
『本当にあった笑える話Pinky』
2017年8、10月号　2018年3月号
2019年2、6、7、12月号
2020年1、4、6～9月号
『ちび 本当にあった笑える話』
vol.143、145、150、161、165、
166、171、172、175、177～180
※本書は右記作品に描き下ろしを加え、構成したものです。